통합 교과 맞춤형 과학 동화
서바이벌 융합 과학 원정대 ❸ 커다란 위기

초판 1쇄 발행일 2014년 6월 23일
초판 2쇄 발행일 2022년 11월 10일

기획·편집 과수원길 글 황문숙 그림 안예리 감수 류진숙

발행인 윤호권 사업총괄 정유한
발행처 (주)시공사 주소 서울시 성동구 상원1길 22, 6-8층(우편번호 04779)
대표전화 02-3486-6877 팩스(주문) 02-585-1247
홈페이지 www.sigongsa.com / www.sigongjunior.com

ⓒ과수원길·안예리, 2014

이 책의 출판권은 (주)시공사에 있습니다.
저작권법에 의해 한국 내에서 보호받는 저작물이므로 무단 전재와 무단 복제를 금합니다.

ISBN 978-89-527-8025-6 73400
ISBN 978-89-527-8022-5(세트)

*시공사는 시공간을 넘는 무한한 콘텐츠 세상을 만듭니다.
*시공사는 더 나은 내일을 함께 만들 여러분의 소중한 의견을 기다립니다.
*잘못 만들어진 책은 구입하신 곳에서 바꾸어 드립니다.

KC 마크는 이 제품이 공통안전기준에 적합하였음을 의미합니다.
제조국 : 대한민국 사용 연령 : 8세 이상
책장에 손이 베이지 않게, 모서리에 다치지 않게 주의하세요.

통합 교과 맞춤형 과학 동화

서바이벌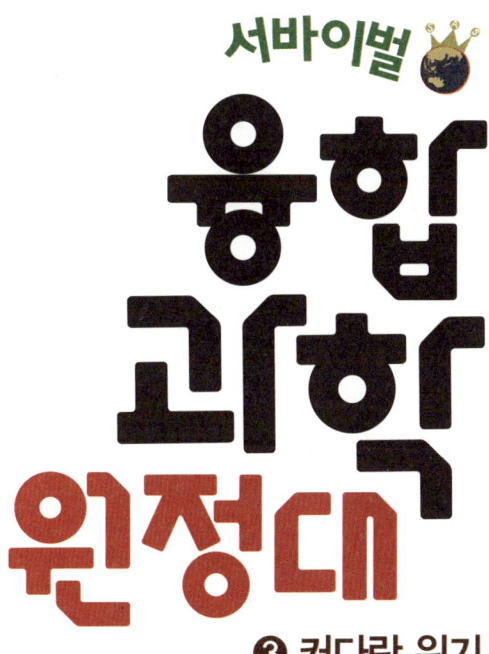

융합 과학 원정대

❸ 커다란 위기

기획 과수원길 글 황문숙 그림 안예리 감수 류진숙

시공주니어

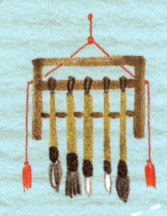 

작가의 말

 2011년에 세계 50개국을 대상으로 한 조사에서 우리나라 학생들의 과학 과목에 대한 자신감은 50위, 즐거움은 47위였어요. 왜 이런 일이 일어났을까요? 교과서에서 배우는 과학 지식이 우리 생활과 연결되어 있다는 생각을 못해 과학에 흥미를 느끼지 못하기 때문이에요.

 이런 문제를 개선하려고 '융합 인재 교육(STEAM)'이 시작되었어요. STEAM은 Science, Technology, Engineering, Art, & Mathematics의 약자로, 과학, 기술, 공학, 예술, 수학 교과 사이의 통합적인 교육을 강조하는 거예요. 우리 생활과 관련 있는 주제에 스스로 관심을 갖고, 과학과 여러 과목의 지식을 융합하여 문제를 해결하는 능력을 키우는 교육이지요. 이 책은 이러한 융합 인재 교육에 딱 맞추어 여러분의 과학 공부를 도와주고자 많은 고민 끝에 탄생했어요. 여러분 또래의 주인공들이 펼치는 놀라운 모험을 함께하며, 과학과 예술, 사회 과목의 지식이 한데 어우러져 미션을 해결하는 멋진 경험을 통해 과학에 대한 즐거움과 자신감을 찾는 '감동 학습'을 담고 있답니다.

　티격태격하면서도 서로의 지식과 힘을 모아 열심히 미션을 수행한 온누리, 감성빈, 천재인. 아쉽게도 1차 관문에서는 열 팀 중 4위를 했어요. 라이벌 '엄친아' 팀이 1위를 해 속상했지만, 그렇다고 기죽을 불사조 팀이 아니죠. 잿더미에서 다시 환생한다는 불사조처럼 세 아이는 파이팅을 외치며 2차 관문에 도전했어요. 세 아이는 거대한 무덤 만들기를 시작으로 만만치 않은 미션들을 만났지요. 혼자였다면 이 미션들은 도전할 엄두도 못 냈을 거예요. 하지만 과학, 사회, 예술 분야의 고수인 세 아이는 전보다 더 신 나고 즐겁게 힘을 모아 미션에 도전했답니다.

　그런데 불사조 팀에게 자꾸 이상한 일이 일어나요. 수상한 남자가 가상 현실을 넘나들며 이들의 미션 수행을 방해하지 뭐예요? 그는 누구고, 왜 나타나는 걸까요? 위기에 빠진 불사조 팀의 운명은 어떻게 될까요? 궁금하다고요? 그렇다면 여러분도 함께 가상 현실로 고고~!

이야기꾼 황문숙

차례

작가의 말 4

제1장 족장의 무덤을 만들어라 – 본선 미션 다섯 번째 8
　　　핵심 콕콕 사회　청동기 시대와 고인돌 40
　　　핵심 콕콕 과학　지레 42

제2장 나라의 위험을 알려라 – 본선 미션 여섯 번째 44
　　　핵심 콕콕 사회　봉수 70
　　　핵심 콕콕 과학　빛과 렌즈 72

제3장 귀한 그림을 훔친 범인은? – 본선 미션 일곱 번째 74
    핵심 콕콕 미술   민화 100
    핵심 콕콕 과학   지문과 생체 인식 102

제4장 강을 빨리 헤엄쳐 건너라 – 본선 미션 여덟 번째 104
    핵심 콕콕 체육   수영 132
    핵심 콕콕 과학   물체의 속력 134

찾아보기 136

제1장
족장의 무덤을 만들어라

본선 미션 **다섯 번째**

마을 족장의 갑작스러운 죽음

 순위가 발표된 뒤, 대회에 참가한 아이들 사이에 희비가 엇갈렸다. 그런데 상위권을 차지한 중국의 하오팡 팀은 실망한 기색이 역력한 반면, 정작 8위를 한 미국의 히어로 팀은 즐거워 보였다. 팀 분위기만 보면 히어로 팀이 1위를 한 것 같았다.
 "히어로 팀은 8위를 해도 걱정이 안 되나 봐."
 온누리는 히어로 팀을 신기하게 바라보았다. 그러자 감성빈이 씩 웃으며 대답했다.
 "쟤네가 하는 이야기를 들었는데, 가상 현실이 놀랍다며 난리더라.

문제 푸는 것도 아주 재미있다고 그리고."

감성빈의 이야기에 천재인이 고개를 끄덕였다.

"히어로 팀은 성적에 상관없이 대회를 즐기는구나."

"그러게……. 사실 우리도 재미있었는데. 너무 등수에만 매달려서 깜빡했어."

감성빈, 온누리, 천재인은 히어로 팀을 보며 자신들도 모르게 미소를 지었다. 그때, 오아시스 옆에 커다란 천막이 짠 하고 나타났다.

"천막 안에 음료수와 음식이 준비되어 있습니다. 2차 관문에 들어가기 전, 휴식을 취하시길 바랍니다."

천막 안에는 세계 여러 나라의 디저트와 과일, 달콤한 음료수가 잔뜩

쌓여 있었다. 그 모습에 참가자들은 너 나 할 것 없이 테이블로 뛰어왔다. 천국과 같은 맛에 생기를 되찾은 아이들은 어느새 다른 팀 참가자들과 어울려 대화를 나누기 시작했다.

"너희는 도깨비에게 어떤 장난감을 만들어 줬니?"

"통통 튀어 오르는 장난감을 만들어 줬어. 머리 부분에 자석을 붙이고 몸통은 전자석으로 만들었지. 도깨비가 아주 좋아하더라고."

2위를 한 독일 팀 '블리츠'가 먼저 말하자 미국 팀 '히어로'도 신이 나 대답했다.

"우리는 전자석 팽이를 만들어 줬는데!"

"우아, 아이디어 좋은데? 우리는 전자석으로 계속 줄넘기하는 사람을 만들어 줬어."

세계 각국의 아이들이 각자 어떻게 미션을 해결했는지 이야기하며 즐겁게 시간을 보내는 동안 왕공부가 속한 엄친아 팀만은 아이들에게서 멀찍이 떨어져 있었다. 히어로 팀이 엄친아 팀을 가리키며 물었다.

"저 아이들이 계속 상위권을 달리는 엄친아 팀이지? 정말 똑똑한 애들 같아. 너희처럼 한국 애들인 것 같은데. 서로 알아? 친해?"

불사조 팀의 세 아이는 대답하지 못하고 머뭇거렸다. 그때, 왕공부가 불쑥 끼어들었다.

"우리는 이런 애들이랑 놀지 않아. 우리는 비슷한 수준의 애들하고만 어울리거든."

비아냥거리는 왕공부의 말에 히어로 팀은 이해가 가지 않는다는 듯 되물었다.

"비슷한 수준?"

그 말을 듣고 왕공부는 천재인, 감성빈, 온누리를 아래위로 훑어보며 히죽거렸다. 그 모습에 감성빈이 버럭 화를 내며 일어섰다.

"이 자식이 정말."

왕공부보다 10센티미터는 더 큰 감성빈이 벌떡 일어나 다가가자 꽤 위협적으로 보였다. 왕공부는 깜짝 놀라 뒷걸음질을 치다 그만 자기 발에 걸려 넘어지고 말았다. 천막 안에 있는 아이들 모두가 킥킥 웃었다. 엄친아 팀의 다른 두 아이가 와서 왕공부를 일으키며 중얼거렸다.

"왕공부, 왜 자꾸 저런 무식한 애들을 상대해?"

그 말에 천재인과 온누리도 한판 붙을 기세로 앞으로 걸어갔다. 천막 안에는 팽팽한 긴장감이 감돌았다. 그 순간, 천막 안에 음악 소리가 울려 퍼지며 대회 안내자가 나타났다.

"휴식 시간이 끝났습니다. 이제 곧 2차 관문이 열립니다. 모두 각자의 미션 수행 공간으로 이동하겠습니다."

대회 안내자의 말이 끝나자 참가자들이 한 팀씩 사라지기 시작했다. 그동안에도 불사조 팀과 엄친아 팀은 서로를 노려보고 있었는데, 히어로 팀의 명랑한 목소리가 들려왔다.

"얘들아, 행운을 빌어. 2차 관문을 꼭 통과하고 또 보자!"

사라지는 히어로 팀에게 온누리, 천재인, 감성빈이 손을 흔들었다. 곧 엄친아 팀의 모습도 흐릿해지기 시작하자 감성빈이 손가락으로 왕공부를 가리켰다.

"야, 왕공부! 2차 관문 지나고 보자. 우리의 수준이 얼마나 대단한지 보여 주겠어!"

감성빈의 말투가 꽤 무시무시하게 들렸는지 사라지기 직전, 엄친아 팀 아이들의 얼굴은 파랗게 질려 있었다. 마지막 팀까지 사라지자 온누리, 천재인, 감성빈의 주변이 바뀌기 시작했다. 천막이 없어지고 어느새 세 아이는 울창한 숲 한가운데에 서 있었다. 1차 관문을 통과하면서 가상 현실에 익숙해진 아이들은 누가 먼저랄 것 없이 숲 가장자리를 향해 뛰어갔다.

"어떤 미션인지 빨리 알아내야 해!"

"우리 이번엔 정신 바짝 차리자!"

아이들이 숲을 벗어나자마자 야트막한 산에 둘러싸인 들판이 나타났다. 낮게 깔린 안개 속에서 수줍게 모습을 드러낸 들판은 무척이나 평화롭고 아름다웠다.

"와, 경치 정말 멋지다."

주변 경치에 잠시 넋을 놓던 온누리와 감성빈은 곧 천재인의 말에 번쩍 정신을 차렸다.

"저기! 저쪽에 마을이 있는 것 같아."

안개에 가려 잘 보이진 않았지만 분명 마을이 있었다. 아이들은 들판을 가로질러 마을을 향해 뛰었다. 마을 입구에 도착한 아이들은 고개를 갸우뚱거렸다.

"분위기가 독특하네. 뭐랄까……."

"아프리카나 아마존의 부족이 사는 마을 같아."

그도 그럴 것이 나무를 촘촘히 박은 울타리가 마을을 둘러싸고 있었고, 울타리 안에는 나뭇가지와 짚으로 벽과 지붕을 이어 만든 움집들이 있었다. 산골 오지에서도 찾아보기 힘든 그런 집이었다.

"저쪽에 입구가 있다."

세 아이는 커다란 나무 기둥 두 개로 만든 문을 발견하고는 마을 안쪽을 살펴보았다. 마을의 규모는 울타리 밖에서 본 것보다 꽤 커서 한가운데 공터를 두고 수십 채의 집들이 빙 둘러 있었다. 세 아이는 조심스럽게 마을 안으로 들어가 움집 앞을 기웃거렸다. 하지만 어디에도 사람의 모습은 보이지 않았다.

"왜 한 사람도 안 보이지? 다 어디 갔나?"

그때, 집 뒤쪽에서 어린아이가 뛰어나왔다. 어린아이는 세 아이를 발견하고 깜짝 놀랐는지 그 자리에 서서 멀뚱멀뚱 바라보았다.

"아, 안녕? 너 여기 사니?"

아이의 모습을 자세히 본 세 아이는 입을 다물지 못했다. 그 아이는 거친 천으로 만든 옷을 입고 있었다. 머리는 태어나서 지금까지 빗어 본 적이 없는 듯 엉망으로 엉켜 있었다.

"버림받은 아이인가 봐."

아이의 모습에 충격을 받은 감성빈이 아이에게 다가갔다. 그러자 아이는 슬슬 뒷걸음질을 치더니 쪼르르 뛰어가 버리는 것이 아닌가?

"얘, 얘! 거기 잠깐 서 봐."

온누리, 감성빈, 천재인은 아이를 쫓아 마을 안쪽으로 뛰어갔다. 하지만 얼마 못 가 그 자리에 우뚝 서 버리고 말았다. 마을 안쪽 공터에 수많은 사람들이 모여 있었기 때문이었다. 갑자기 수많은 사람과 맞닥뜨린 세 아이도 놀랐지만 마을 사람들 또한 세 아이의 모습에 놀라 수군거리기 시작했다.

"누구지? 우리 마을 사람이 아닌데?"

"이상한 옷을 입었어. 혹시 적이 쳐들어온 건가?"

몇몇 남자들이 일어나 손에 돌멩이를 쥐고 세 아이에게 다가왔다. 그 모습에 놀란 감성빈이 다급하게 손을 내저으며 말했다.

"우린 적이 아니에요! 우리는……."

감성빈이 당황해 말을 잇지 못하자 온누리가 얼른 머리를 굴렸다.

"길을……. 네, 우리는 길을 잃었어요. 그래서 길을 물어보려고 마을에 들어온 거예요."

세 아이가 잔뜩 겁을 먹은 채 다급히 설명하자 남자들은 경계심을 조금 늦추었다.

"길을 잃었다고? 정말이냐? 너희 말고 또 다른 사람은 없고?"

"없어요. 우리 셋뿐이에요. 정말이에요."

세 아이의 말에 공터에 있던 마을 사람들은 안도의 한숨을 내쉬었다. 그때, 사람들의 시선이 일제히 다른 곳으로 쏠렸다. 사람들이 쳐다본 곳은 공터 끝에 있는 집이었는데, 안에서 한 남자가 나왔다. 화려한 장신구를 몸에 걸친 그 남자는 애통한 표정으로 사람들에게 소리쳤다.
"족장님께서 하늘님의 품에 안기셨습니다!"
그 순간, 공터에 모였던 수많은 사람들이 일제히 땅바닥에 엎드렸다. 그리고 합창을 하듯 울음소리를 내기 시작했다.
"으어어어어어…… 으어어어어."
세 아이는 마을 사람들이 내는 울음소리에 심장이 조이는 듯한 느낌을 받았다. 마을 사람들의 슬픔이 그대로 느껴졌기 때문이었다. 하지만 도대체 무슨 일이 일어났는지 알 수 없어 옆에 있는 마을 아이에게 물었다. 그 아이 또한 눈물을 펑펑 쏟고 있었다.
"무슨 일이니?"

"어제 내 친구가 절벽 근처에서 놀다가 떨어져서 나뭇가지에 걸렸는데, 족장님이 가파른 절벽을 올라가 친구를 구해 주셨어. 그런데 족장님이 그만…… 미끄러져서 크게 다치셨고 결국 하늘로……. 엉엉."

"아, 하늘님의 품에 안겼다는 말이 돌아가셨다는 말이었구나."

상황을 파악한 세 아이가 안타까운 표정으로 마을 사람들을 쳐다보는데, 뒤쪽에서 말소리가 들려왔다.

"족장님의 시신을 저대로 둘 수는 없는데……. 어떻게 하지?"

"맞아. 무덤 만드는 방법을 아무도 모르잖아?"

"모르지. 게다가 위대한 족장님의 무덤인데 아무렇게나 만들 수도 없

는 노릇이고. 이거 참, 큰일이구먼."

심상치 않은 분위기를 감지한 온누리가 아이에게 물었다.

"또 무슨 일인데?"

"우리 마을에서 무덤 만드는 방법은 족장님만 아셨는데, 갑자기 돌아가셨잖아. 그래서 족장님의 무덤을 만들 수가 없대."

아이의 이야기에 감성빈이 고개를 갸우뚱거리며 말했다.

"무덤 만드는 게 그렇게 어렵나? 할아버지가 돌아가셨을 때 보니까 구덩이를 판 뒤에 관을 넣고 그 위를 흙으로 동그랗게 덮던데……."

천재인도 같은 생각이라는 듯 고개를 끄덕거렸다.

"그렇게 간단하면 사람들이 저렇게 걱정할 리가 없을 것 같아. 이 마을에만 전해져 내려오는 무덤 만드는 방식이 있는 게 아닐까?"

온누리가 그렇게 말하는 순간, 옆에 있던 아이가 마을 어른들을 향해 소리쳤다.

"어르신! 이 사람들이 무덤 만드는 방법을 알고 있대요!"

온누리, 천재인, 감성빈은 크게 당황하고 말았다. 아이가 자신들의 대화를 듣고 오해한 것이었다. 하지만 이미 엎질러진 물. 마을 어른들이 희망에 찬 얼굴로 다가왔다.

"정말이오? 무덤을 만드는 방법을 알고 있소?"

"네? 아니, 그게 아니라……."

마을 어른들은 대답은 듣지 않고 세 아이의 모습을 보며 중얼거렸다.

"오, 이렇게 정교한 바느질은 처음 봐……. 그리고 천도 무척 부드럽고 촘촘해."

무엇보다 사람들이 제일 신기해한 것은 천재인의 안경이었다. 그들은 투명한 안경 렌즈를 태어나서 처음 보는지 천재인의 얼굴 앞에서 떠날 줄을 몰랐다.

"이들의 물건을 보니 정말 대단하다. 우리보다 훨씬 뛰어난 기술을 지닌 곳에서 온 사람들이 분명해. 그러니 무덤 만드는 방법도 틀림없이 알 거야."

"족장님이 돌아가신 날 무덤 만드는 방법을 아는 자들이 온 것은 하늘의 뜻이야!"

"그래, 맞아."

마을 어른들은 세 아이를 향해 머리를 숙였다.

"간절히 부탁드립니다. 족장님의 무덤을 만들어 주십시오."

"저, 저희가요?"

온누리, 천재인, 감성빈이 당황해 어쩔 줄 몰라 하는 사이, 마을 사람들이 주위를 둘러쌌다. 그리고 그 사이에서 아까 사람들에게 족장님이 돌아가셨음을 알린 남자가 나타나 엎드리며 말했다.

"아버지의 무덤을 만들어 주십시오. 만들어 주신다면 그 은혜, 죽어서도 잊지 않겠습니다."

그러자 그를 따라 노인부터 어린아이까지 마을 사람 모두가 세 아이를 향해 절을 했다. 그 순간, 온누리, 천재인, 감성빈은 이것이 바로 다섯 번째 미션이라는 것을 깨달았다.

족장의 무덤을 만들어라!

"자 이리로, 이리로 들어와 앉으십시오."

세 아이는 족장 아들의 안내를 받아 족장의 집으로 들어갔다. 족장의 집은 직사각형으로 땅을 파서 둘레에 기둥을 세우고 그 위에 초가지붕을 얹은 움집이었다. 움집 안에는 불이 피워진 화덕이 있고, 안쪽에 족장의 시신이 천에 덮여 있었다. 세 아이는 움집 안의 모습에 어리둥절해하며 흙을 다져 만든 바닥에 앉았다.

"이 집은 정말……. 아프리카 원시 부족이 사는 집 같아."

천재인이 최대한 목소리를 낮춰 말하자 감성빈도 조심스럽게 끄덕였다.

"집도 그렇고 사람들이 입은 옷도……. 그렇지, 온누리?"

온누리는 대답 대신 심각한 표정으로 움집 안을 살펴보고 있었다. 조금 뒤, 족장의 아내가 아들과 함께 다가와 머리를 숙이며 애절한 목소리로 말했다.

"우리의 부탁을 들어주시어 감사합니다. 부디 족장님 이름에 걸맞도록, 주변 마을 사람들도 모두 우러러볼 수 있도록 크고 웅장한 무덤을 만들어 주십시오."

천재인과 감성빈은 고개를 갸우뚱했다. 그리고 조그마한 목소리로 수군거렸다.

"왕의 무덤처럼 봉분을 크게 해 달라는 거겠지?"

"그런 것 같아."

두 아이가 고개를 끄덕이자 족장의 아내는 기쁜 표정을 지으며 또 한 번 머리를 숙였다.

"정말 감사합니다. 정말 감사합니다."

그런데 온누리가 이상한 행동을 하기 시작했다. 족장의 아내와 아들에게서 눈을 떼지 못하더니 급기야 두 사람에게 바짝 다가가 장신구를 살펴보는 것이었다. 천재인과 감성빈뿐 아니라 족장의 아내와 아들도 당황하는 듯했다. 족장의 아내는 곧 표정을 가다듬고 말했다.

"출출하실 것 같은데 먹을 것을 준비하겠습니다. 잠시만 기다려 주십시오."

조금 뒤, 족장의 아내가 그릇에 음식을 담아 세 아이 앞에 내려놓았다. 아이들은 그 그릇에서 눈을 떼지 못했다.

"맛있게 드십시오. 저는 아들과 함께 장례 준비를 해야 해서 잠깐 자리를 비우겠습니다."

족장의 아내가 자리를 뜨자 세 아이는 고개를 숙여 그릇을 살펴보았다.

"헐, 이게 그릇이야?"

감성빈이 그릇을 들어 이리저리 살펴보더니 어이없다는 듯 말했다.

"이거 우리가 미술 시간에 찰흙으로 만든 거랑 똑같잖아? 뭐 이런 데다가 음식을 주지?"

그때, 온누리가 그릇을 보며 믿기 힘들다는 듯 중얼거렸다.

"맙소사! 우리 지금 아무래도……. 아니, 확실히, 청동기 시대에 있는 것 같아."

온누리의 말에 천재인과 감성빈은 눈만 껌뻑거렸다.

"너희 내 말 이해했어? 우리가 지금 청동기 시대에 와 있다고!"

"……. 뭔 소리야? 청동기 시대가 뭔데?"

"모르겠니, 천재인? 문자를 사용하기 이전 시대로, 구리를 불에 녹여 주석이나 아연을 섞어 만든 청동기가 등장한 청동기 시대라고. 지금이!"

온누리가 흥분하며 설명했지만 천재인과 감성빈은 여전히 믿기지 않는 표정이었다.

"청동기 시대? 에이, 말도 안 돼. 그걸 네가 어떻게 알아?"

감성빈의 말에 온누리가 조심스럽게 움집 안에 있는 물건들을 가리켰다.

"저기 동그란 것 보이지? 저건 청동으로 만든 거울이고, 족장의 아들이 허리춤에 찬 칼도 청동으로 만든 거였어. 다 청동기 시대의 물건이라고!"

"그럼……. 이 어린애가 만든 것 같은 그릇도?"

"그래! 청동기 시대의 사람들은 이것처럼 무늬가 없는 토기를 사용했어. 이걸 민무늬 토기라고 해."

"우아, 우아!"

천재인과 감성빈은 그때야 놀라워했다. 하지만 온누리는 땅이 꺼질 듯 한숨을 쉬었다.

"그나저나 우리 큰일 났어."

"왜?"

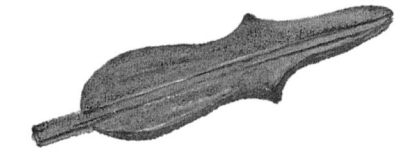

감성빈이 물었다.

"저 사람들이 만들어 달라는 무덤……. 청동기 시대의 무덤은 우리가 아는 무덤과 달라. 게다가 족장의 무덤이라면 커다란 고인돌일 텐데. 그건 만들기 진짜 어려워."

"고인돌이 뭔데? 그리고 뭐가 어려운데?"

"고인돌은 청동기 시대에 지위가 높은 사람들의 무덤이야. 이렇게 돌을 기둥처럼 세우고 그 위에 넓적한 돌을 지붕처럼 덮는 거지."

온누리가 바닥에 그림을 그리며 설명하자 천재인과 감성빈은 눈을 동그랗게 떴다. 천재인이 그림을 가리키며 물었다.

"돌로 무덤을 만든다고? 그럼 돌의 크기가 얼마만 한데?"

"고인돌의 크기는 족장의 힘에 따라 달라. 큰 마을의 족장일수록 돌이 매우 컸어. 큰 돌을 무덤 자리까지 옮기고, 땅을 파서 세우고, 그 위에 다른 돌을 덮으려면 많은 사람들이 필요하잖아. 그러니까 동원되는 마을 사람들의 수가 족장의 권위를 보여 주는 거지."

천재인과 감성빈은 깜짝 놀라며 서로를 쳐다보았다.

"그럼 아까 크고 웅장한 무덤을 만들어 달라는 것이…… 큰 돌을 사용해 달라는 뜻?"

"어떻게 해? 우린 그것도 모르고……. 그런데 온누리, 고인돌 만드는 방법은 알고 있어?"

감성빈의 질문에 온누리는 힘없이 고개를 끄덕였다.

"이론적으로는 알아. 하지만 실제로 만들 수 있을지 모르겠어."

그때, 족장의 아들이 세 아이에게 다가왔다.

"무덤을 만들 힘센 남자들이 모여 여러분을 기다리고 있습니다."

온누리, 천재인, 감성빈이 마을 뒤쪽으로 가자, 그곳에 있던 수십 명의 건장한 남자들이 절을 했다. 온누리는 덜컥 겁이 났지만 이내 표정을 가다듬고 주변을 살펴보았다. 마을 뒤는 커다란 바위산이었는데 곳곳에 돌을 떼어 낸 흔적이 있었다. 온누리는 주위를 한참 살펴보더니 차분한 목소리로 남자들에게 무엇을 준비해야 할지 알려 주었다.

"족장님의 무덤을 만들려면 먼저 두 개의 받침돌을 세우고 그 위에 덮개돌을 올려야 해요. 그리고 두 받침돌 사이에 시신을 모신 뒤 뚫린 부분을 다른 두 개의 넓적한 돌로 막으면 되죠. 그러니까 받침돌로 쓸 큰 돌 두 개와 뚫린 부분을 막을 돌 두 개, 큰 덮개돌 하나를 준비해 주셔야 해요."

온누리의 말에 사람들이 일사천리로 움직였다. 바위산에서 돌을 떼어 내는 일은 다행히 순조롭게 진행되었다. 하지만 마을 사람들이 준비한 돌을 보고 온누리는 걱정이 되었다.

"돌이 너무 크지 않나요? 옮기기도 무척 어려울 텐데……."

족장의 아들과 마을 사람들은 눈을 동그랗게 뜨며 말했다.

"우리는 족장님의 위대한 힘에 비하면 오히려 작다고 생각합니다. 목숨을 바쳐서라도 완성할 테니 걱정하지 마십시오."

사람들의 강인한 의지에 온누리는 걱정을 뒤로하고 다음 과정을 알려 주었다.

"이제 통나무를 이용해 이 돌들을 무덤을 만들 곳으로 옮겨요. 그리고 구덩이를 파서 두 개의 받침돌을 세우고, 돌 주위에 흙을 쌓아 경사지게 만들어 주세요. 그래야 덮개돌을 그 위로 옮길 수 있거든요. 덮개돌을 끌어 받침돌 위에 올려놓은 뒤엔 흙을 치우고, 족장님을 모신 다음 남은 돌로 옆을 막으면 돼요."

온누리의 지시에 따라 사람들은 통나무를 여러 개 깔아 무덤 자리까지 돌들을 굴려 갔다. 돌은 상당히 무거웠지만 사람들은 젖 먹던 힘까지 끌어내 무사히 옮길 수 있었다. 그런데 그 뒤부터 문제가 생겼다.

"말씀하신 대로 구덩이는 팠는데 돌이 꿈쩍도 하지 않습니다. 구덩이에 밀어 넣으려면 돌을 들어 올려야 하는데……."

온누리는 예상했다는 듯 한숨을 쉬었다.

"저 정도 무게의 돌을 들려면 사람이 더 필요해요. 사람을 더 동원하

든지 좀 더 작은 돌로 바꿔야 할 것 같은데요."

족장의 아들은 더 작은 돌로 바꿀 수 없다며 고집을 부렸다. 그리고 마을의 노인부터 여자까지 조금이라도 힘을 보탤 수 있는 사람이면 누구든지 다 데리고 왔다. 하지만 거대한 돌을 들어 올리기에는 역부족이었다. 마을 사람들과 족장의 아들은 세 아이를 보며 방법을 알려 달라 소리쳤다.

"먼 곳에서 오신 분들이여, 부탁드립니다. 방법을 알려 주십시오."

"어떻게 하면 좋겠습니까? 제발 알려 주십시오!"

땀으로 흠뻑 젖은 수많은 사람들이 세 아이 앞에 엎드리기 시작했다. 아이들은 간절한 눈빛으로 애원하는 사람들을 보며 어쩔 줄 몰라 했다.

커다란 돌을 세워라!

받침돌을 구덩이 안에 세울 수 없어 고인돌을 만드는 작업은 중단되었다. 조급해진 마을 사람들이 삼삼오오 모여 상의하기 시작했다.

"사람들을 더 많이 불러 모아야 할 것 같습니다. 우리 힘만으로는 도

저히 불가능합니다."

"사람들을 더 모으려면 며칠이 걸릴 텐데. 그때까지 족장님을 그냥 두자고?"

"그건 안 됩니다. 차라리 돌을 좀 작은 것으로 바꿉시다."

그 말에 마을 원로와 족장의 아들이 버럭 화를 내었다.

"작은 돌로 바꾸다니 그건 말도 안 된다! 이건 우리 마을의 위신이 걸린 문제야."

"맞습니다. 족장의 아들로서 절대 용납할 수 없습니다."

어느새 마을 사람들의 회의는 싸움이 되어 가고 있었다. 온누리와 감성빈은 가슴이 답답했다. 미션에 실패하는 것도 큰 문제이지만, 마을 사람들을 돕고 싶은데 도울 방법이 통 생각나지 않기 때문이었다. 그사이 천재인은 구덩이 앞에 놓인 받침돌을 살펴보며 생각에 잠겨 있었다. 답답해진 감성빈이 다가가 물었다.

"천재인, 뭐 좋은 방법 없어? 이 사람들로는 도저히 돌을 못 세울 것 같은데. 청동기 시대니까 굴착기 같은 기계를 구할 수도 없고……. 혹시 힘이 강해지는 약초 같은 건 없을까?"

감성빈의 엉뚱한 말에 천재인이 피식 웃음을 터뜨렸다.

"네 말이 맞아. 여기 있는 사람들의 힘만으로는 이 돌을 들어 올릴 수 없어. 하지만 그걸 이용하면…… 가능할지도 몰라."

천재인의 말에 온누리와 감성빈의 얼굴이 확 밝아졌다.

"그게 뭔데? 그게 뭐야?"

"지레."

"지……레? 지레가 뭐지?"

"지레는 무거운 물체를 작은 힘으로도 쉽게 들어 올릴 수 있게 해 주는 도구 가운데 하나야."

그러자 온누리가 실망한 표정을 지었다.

"그런 도구를 청동기 시대에서 어떻게 구해?"

"왜 못 구해? 지레는 복잡한 기계가 아니야. 긴 막대나 널빤지, 그리고 받침만 있으면 돼. 지레는 우리가 직접 힘을 주는 곳인 힘점, 지레를 받치는 곳인 받침점, 물체에 힘이 작용하는 곳인 작용점 세 요소가 있는데……. 음, 쉽게 설명하자면…… 너희 놀이터에서 시소 타 봤지? 나보다 무거운 친구랑 시소를 탈 때 친구가 올라가게 하려면 어떻게 해야 하는지 알아?"

감성빈이 손을 번쩍 들며 대답했다.

"알아! 무거운 친구를 가운데와 가까이 앉히고 나는 멀리 앉으면 돼."

"맞아. 그게 바로 지레의 원리야. 아까 지레에는 힘점, 받침점, 작용점 세 요소가 있다고 했지? 시소에서는 시소를 받치는 한가운데가 받침점이야. 나보다 무거운 친구는 작용점, 나는 힘을 주는 힘점이지. 그런데 작용점과 받침점 사이의 길이가 짧을수록, 힘점과 받침점 사이의 길이가 길수록 힘이 적게 들어."

천재인이 돌멩이와 나뭇가지를 이용해 설명했다.

"아! 그러니까 무거운 물건 가까이에 받침점을 두고 내가 최대한 멀리에서 힘을 주면 작은 힘으로도 무거운 물건을 들어 올릴 수 있다는 거네?"

온누리가 잘 이해하자 천재인이 엄지를 치켜들었다.

"바로 그거야. 그래서 우리는 지레로 쓸 최대한 길고 튼튼한 나무를 찾아야 해. 받침점이 될 단단한 돌도."

온누리는 얼른 사람들에게 달려가 긴 나무와 돌을 구해 달라고 부탁했다. 그사이, 천재인은 줄을 가져와 받침돌에 묶었다. 사람들이 긴 나무를 구해 오자 천재인은 한쪽 끝을 받침돌 밑에 밀어 넣고 나무 밑에는 돌을 받쳤다. 그리고 모든 준비가 끝나자 사람들을 반으로 나누어 절반은 나무 쪽에, 절반은 줄을 잡고 서게 했다.

"여러분이 이 나무를 있는 힘껏 아래로 눌러 주면 받침돌이 조금씩 들릴 거예요. 그러면 그때, 저쪽에서 줄로 돌을 잡아당겨 구덩이 안에 세우는 거예요. 다들 준비되셨죠?"

하지만 마을 사람들은 이해가 가지 않는다는 표정으로 세 아이를 쳐다보았다.

"모두가 매달려도 들리지 않던 돌이 이렇게 한다고 될까요?"

"네, 이 나무가 힘을 몇 배로 키워 줄 거예요. 저희를 믿어 보세요."

사람들은 여전히 믿지 못하겠다는 표정이었다. 하지만 세 아이가 나무 끝을 누르기 시작하자 하나둘 다가와 힘을 보태기 시작했다.

"영차! 영차!"

그때였다. 처음엔 꿈쩍도 않던 받침돌이 살짝 들리다가 '쿵!' 하고 다시 내려앉는 것이 아닌가?

"어, 돌이 움직였다!"

그 모습에 반신반의하던 사람들의 눈이 휘둥그레졌다. 그리고 너도나도 나무로 다가와 힘을 보태기 시작했다. 모두가 젖 먹던 힘까지 끌어올려 나무 끝을 누르자, 마침내 거대한 받침돌이 번쩍 들어 올려졌다.

"줄을 잡아당기세요!"

천재인의 외침에 맞은편 사람들이 재빠르게 줄을 잡아당겼다. 그러자 받침돌이 구덩이 안으로 미끄러지듯 들어가더니 '쿵!' 하는 소리와 함께 멋지게 세워졌다.

"만세!"

받침돌을 세우는 데 성공한 마을 사람들과 세 아이는 서로를 얼싸안

고 환호성을 질렀다. 그리고 다시 힘을 모아 다른 받침돌도 세울 수 있었다. 지레 덕분에 어려운 과정을 무사히 마친 온누리는 자신감에 찬 목소리로 소리쳤다.

"이제 받침돌 주위에 흙을 쌓아 주세요!"

마을 사람들과 함께 세 아이도 열심히 흙을 날랐다. 조그마한 언덕이 완성되자 언덕의 경사와 통나무, 지레를 이용해 가장 무거운 덮개돌을 끌어올렸다. 받침돌보다 시간은 오래 걸렸지만 사람들의 얼굴에 지친 기색은 보이지 않았다. 천재인이 큰 소리로 힘을 북돋았다.

"조금만 더! 조금만 더 힘내세요!"

거대한 덮개돌이 받침돌 위에 자리를 잡자, 모두 재빨리 쌓아 놓은 흙을 치우기 시작했다. 그리고 족장의 시신을 눕히고 받침돌 양쪽을 돌로 막았다. 드디어 거대한 돌무덤, 고인돌이 그 모습을 드러냈다.

"오, 하늘님……. 이렇게 크고 웅장한 무덤은 이 근방 어디에도 없을 겁니다."

마을 사람들은 자신들이 만든 고인돌을 보며 감격의 눈물을 흘렸다. 온누리, 감성빈, 천재인도 가슴이 벅차올랐다.

"이 모든 것이 먼 곳에서 오신 여러분 덕분입니다. 여러분의 지혜를 빌려 주셔서 정말 감사합니다."

마을 사람들이 세 아이 주변으로 몰려들어 큰절을 올렸다. 그 모습에 세 아이는 어쩔 줄 몰라 하며 머리를 긁적였다. 그 순간, 천재인은 이상한 느낌에 무심코 뒤를 돌아보았다. 그러자 땅바닥이 묘하게 갈라지더니 무엇인가가 쑥 올라오는 것 아닌가? 그것은 어른 남자의 모습이었다. 그 남자와 눈이 마주친 천재인은 온몸에 소름이 쫙 끼쳤다.

"어, 어어어?"

깜짝 놀란 천재인이 소리를 지르자 온누리와 감성빈도 뒤를 돌아보았다. 하지만 그 남자는 이미 사라진 뒤였다.

"천재인, 왜 그래?"

"봤어? 저기, 저 땅이 갈라지면서 남자가 쑥 올라왔었잖아."

온누리와 감성빈은 고개를 갸웃거렸다.

"남자? 대회 안내인 말이야?"

"대회 안내인이 아니었어. 어떤 남자였는데……."

천재인은 땅이 갈라졌던 위치에 가서 여기저기를 살펴보았다. 하지만 어떤 이상한 점도 찾을 수 없었다.

"이상하다. 분명히 봤는데……."

"뭘 잘못 봤겠지. 어! 저기 메시지가 나타났어."

'축하합니다. 불사조 팀 미션 성공입니다.'

세 아이는 고인돌 위에 나타난 메시지에 안도의 한숨을 쉬었다. 그리고 그 뒤에 나타난 순위 발표를 보고 환호성을 질렀다.

'현재 팀 순위는 1위 히어로 팀, 2위 불사조 팀, 3위 엄친아 팀, 4위 모모짱 팀…….'

"와, 엄친아 팀을 이겼어. 게다가 히어로 팀이 1위라니, 완전 멋져!"

세 아이는 매우 기뻐하며 고인돌 주위를 마구 뛰어다녔다. 그렇게 아

이들이 땅속 남자에 대해 까맣게 잊은 사이, 10개의 텔레비전으로 각 팀의 모습을 지켜보던 사람들이 술렁이기 시작했다.

"방금 나타났던 저 남자는 누구지?"

"그쪽에도 그랬어요? 우리 아이들이 있는 가상 공간에도 나타났다가 사라졌는데?"

불사조 팀뿐만 아니라 다른 팀들의 가상 공간에도 이상한 남자가 나타났던 것이었다. 사람들이 웅성거리자 진행 요원이 다가와 미소 띤 얼굴로 별일 아니라는 듯 말했다.

"가상 현실 쪽으로 데이터가 전달되면서 잠시 혼선이 생긴 것 같습니다. 큰 문제가 아니니 걱정하지 마세요."

하지만 그때, 천재주가 친구들과 나누는 대화를 들은 진행 요원의 표정이 갑자기 굳어 버렸다.

"혼선 때문에 그랬구나. 근데 이번에도 아까랑 같은 사람이었지?"

"응. 오아시스에서 본 사람이라 낯이 익더라고."

진행 요원은 회의실을 빠져나와 급히 어딘가로 걸어갔다.

요건 몰랐지?

지레로 지구를 움직이려면?

고대 그리스의 수학자이자 물리학자인 아르키메데스는 지레의 원리를 알아내고는 시라쿠사의 왕 히에론 앞에서 이렇게 큰소리를 쳤대. '긴 지레와 받침점만 있으면 지구라도 움직여 보이겠다.'고 말이야.

그렇다면 아르키메데스가 지구를 움직이는 데 얼마나 긴 지레가 필요할까? 받침점에서 1km 떨어진 곳에 지구를 올려놓았다고 하자. 지구의 무게는 약 6,000,000,000,000,000,000,000t(톤)이야. 여기에 아르키메데스가 약 60kg을 들어 올릴 힘이 있다고 한다면, 지구를 들어 올리는 데 필요한 지레의 길이는 100,000,000,000,000,000,000,000km여야 해. 얼마나 긴 건지 실감이 안 난다고? 이 길이는 태양에서 지구까지 거리의 약 670조 배에 달해. 이렇게 긴 지레를 만드는 것은 불가능하겠지?

핵심 콕콕 사회

청동기 시대와 고인돌

청동기 시대란?

'청동기 시대'는 청동기를 사용하기 시작한 기원전 2000년경~기원전 1500년경부터 철기를 처음 사용하기 전까지를 말해. 청동기 시대에는 농사 기술과 도구가 발달하면서 곡식의 수확량이 늘고 개인 재산이 생기기 시작했지. 그러자 빈부의 격차와 함께 지배 계급이 나타났어.

청동기는 구리를 불에 녹여 주석이나 아연을 섞어 만드는데, 만들기가 어렵고 재료가 충분하지 않아 아주 귀했어. 그래서 주로 하늘에 제사를 지내는 도구나 지위가 높은 사람들의 무기, 장신구 등에만 사용되었지. 청동기 시대의 생활 도구는 여전히 돌이나 나무로 만든 것들이 대다수였어. 또 무늬가 그려지지 않은 토기라는 뜻의 '민무늬 토기'를 주로 만들어 썼어.

청동기 시대의 무덤, 고인돌

고인돌은 '괴어 있는 돌'이라는 뜻으로, 청동기 시대에 만들어진 지위가 높은 사람의 무덤이야. 고인돌의 종류는 크게 탁자식 고인돌, 바둑판식 고인돌, 개석식 고인돌이 있어. '탁자식 고인돌'은 평안도와 황해도 서부 지역

에 많이 있어서 북방식이라고도 해. 땅 위에 커다란 받침돌을 세우고 위에 널빤지 같은 덮개돌을 얹은 뒤에 받침돌 사이에 시신을 놓고 양옆을 작은 돌로 막았는데, 모양이 탁자와 비슷하지. '바둑판식 고인돌'은 주로 호남, 영남 지역에 많아서 남방식이라고도 해. 땅을 파고 돌로 방을 만들어 시신을 넣은 뒤 그 위에 여러 개의 작은 받침돌을 놓고 다시 커다란 덮개돌을 얹었는데, 그 모양이 바둑판과 비슷하지. '개석식 고인돌'은 한반도 전역에서 볼 수 있어. 땅을 파고 돌로 방을 만들어 시신을 넣은 뒤 그 위에 받침돌 없이 바로 덮개돌을 얹은 거야.

  우리나라 고인돌 유적은 워낙 규모가 크고 특별하기 때문에 고창·화순·강화 고인돌 유적이 2000년에 유네스코 세계 유산으로 등록됐어.

탁자식

바둑판식

개석식

고인돌의 종류

핵심 콕콕 과학 **지레**

지레란?

'지레'는 받침과 막대를 이용해 무거운 물체를 쉽게 움직이게 하는 도구를 말해. 지레를 이용하면 작은 힘으로 무거운 물건을 들어 올릴 수 있지. 지레는 직접 힘을 주는 곳인 '힘점', 지레를 받치는 곳인 '받침점', 물체에 힘이 작용하는 곳인 '작용점'으로 이루어져 있어.

힘점과 받침점 사이의 길이가 작용점과 받침점 사이 길이보다 길면 힘이 적게 들어. 이해가 잘 안 된다고? 나보다 훨씬 무거운 돌을 지레로 들어 올린다고 생각해 봐. 돌을 받침점과 가까이 놓고 내가 받침점과 먼 곳에서 힘을 주면 어떻게 될까? 돌이 쉽게 들릴 거야. 그 이유는 작용점인 돌과 받침점이 가깝고, 내가 힘을 주는 힘점이 받침점과 멀기 때문이지. 다시 말해서 무거운 물건을 작은 힘으로 들려면 무거운 물건을 받침점에 가깝게 놓고 받침점과 먼 곳에서 힘을 주면 돼.

지레의 원리를 이용한 물건들

지레의 원리는 오래전부터 많은 곳에 이용되어 왔어. 우리가 자주 사용하는 도구에도 지레의 원리를 이용한 것이 많아. 지레는 크게 3가지 종류로 나뉘어. 먼저 받침점이 힘점과 작용점 사이에 있는 1종 지레가 있어. 이를 이용한 도구에는 펜치, 빨래집게, 장도리, 가위 등이 있지. 작용점이 받침점과 힘점 사이에 있는 2종 지레를 이용한 도구에는 병따개, 구멍 뚫는 펀치, 큰 스테이플러가 있어. 1종 지레와 2종 지레는 모두 힘이 적게 들어. 하지만 힘점이 작용점과 받침점 사이에 있는 3종 지레는 일을 하는 데 필요한 힘보다 더 큰 힘을 힘점에 주어야 해. 그 대신 세밀한 일을 하기에 편리해서 핀셋, 젓가락, 족집게 등에 이용돼.

가위　　　　　병따개　　　　　핀셋

제2장
나라의 위험을 알려라

본선 미션 여섯 번째

가느다란 연기의 정체는?

"어라? 여긴 또 어디지?"

조금 전까지 탁 트인 평야에 있던 아이들은 어느새 깊은 산속에 와 있었다. 세 아이는 엄친아 팀을 이기고 2위로 오른 것에 흥분해 주변 풍경이 바뀐 것도 몰랐던 것이다.

"히히히. 우리가 많이 흥분하긴 했나 보다."

"그러게 말이야. 이제 진정하고 정신 바짝 차리자."

"응. 그래야지. 그런데 여긴 엄청 춥다."

세 아이는 추위에 덜덜 떨며 우선 산을 내려가기로 했다. 하지만 나무가 워낙 빽빽한 데다가 길도 헷갈려 계속 같은 자리를 맴맴 돌았다.
"큰일 났네. 미션이 뭔지 빨리 알아야 하는데."
시간이 자꾸 흐르자 온누리가 조급해하며 말했다. 그때, 감성빈이 커다란 바위를 가리켰다.
"저 바위에 올라가서 주위를 살펴보자. 산 아래가 보이면 어느 방향으로 어떻게 내려가야 할지 알 수 있을 거야."
온누리와 천재인은 감성빈을 따라 바위 위로 올라갔다. 그러자 시야가 트이면서 주변 풍경이 한눈에 들어왔다.
"우아, 여긴 정말 첩첩산중이구나."
세 아이가 있는 산은 산맥의 중간에 자리 잡은 듯 좌우로 산봉우리가 쭉 이어져 있었다. 다행히 앞쪽 아래에 마을이 보였다.
"저기 마을이 있네. 이 옆의 계곡을 따라 쭉 내려가면 되겠다."

"휴, 다행이다. 여기 이렇게 올라와 보지 않았으면 계속 산속을 헤맸을 것 같아."

천재인이 안도의 한숨을 쉬었다. 그런데 다른 산봉우리를 죽 둘러보던 감성빈이 갑자기 실눈을 뜨며 말했다.

"온누리, 천재인. 저기 저 산꼭대기에……. 저거 연기 맞지?"

두 아이가 고개를 들어 감성빈이 가리키는 곳을 보니, 가느다란 연기가 피어오르고 있었다.

"연기 맞는데? 산불이 났나 봐."

아이들은 멀리 있는 산봉우리에서 연기가 보이자 난감해했다. 그런데 한 줄로 가늘게 피어오르던 연기가 어느새 세 줄로 나란히 올라오기 시작했다.

"불이 옆으로 번졌나 봐. 겨울이라 건조해서 잘못하면 산이 홀라당 타 버리겠어!"

온누리가 놀라 소리쳤다. 하지만 천재인은 고개를 갸웃했다.

"이상한데……."

"뭐가?"

"산불이라면 옆으로 퍼져 나가면서 연기가 더 자욱해져야 하는데……. 저렇게 일정한 간격으로 떨어져서 연기가 올라오는 게 좀 이상하지 않아?"

천재인의 말을 듣고 보니 연기와 연기 사이에 일정한 간격이 있었다.

"그러고 보니 그러네? 저건 산불이 아니라 사람이 일부러 불을 피운

건가 봐."

감성빈도 고개를 끄덕였다.

"그래도 혹시 모르니까 우리 빨리 산에서 내려가자. 마을에 가서 사람들에게 물어보면 확실히 알겠지."

천재인의 말에 세 아이는 바위에서 내려와 계곡으로 향했다. 아이들이 계곡을 따라 내려가기 시작한 지 10여 분이 되었을까. 계곡 옆 숲속에서 사람의 목소리가 들렸다. 온누리가 소리 난 쪽을 가리켰다.

"사람이 있나 봐! 저기로 가 보자."

온누리, 천재인, 감성빈은 목소리가 들리는 쪽으로 걸어갔다. 그런데 가까이 다가갈수록 이상한 느낌이 들었다. 숲에서 들리는 목소리로 판단해 보건대, 사람 수가 꽤 많은 듯했고 긴박하게 움직이고 있었기 때문이었다. 세 아이는 알 수 없는 불안감에 서로를 쳐다보았다.

"저 사람들, 산속에서 뭘 하고 있지?"

감성빈이 말한 바로 그때였다.

"타다다다 탕!"

세 아이는 숲에서 들려오는 수십 발의 총소리에 화들짝 놀랐다. 그리고 잠시 뒤, 아이들이 있는 쪽으로 화약 냄새가 훅 하고 풍겨 왔다.

"이, 이거, 총…… 소리였어?"

온누리가 하얗게 질린 얼굴로 감성빈과 천재인을 돌아보았다. 두 아이도 온몸을 벌벌 떨며 서 있었다. 천재인이 가까스로 대답했다.

"그, 그런 것 같아."

그때, 앞쪽 숲에서 인기척이 느껴지더니 세 아이가 있는 쪽으로 무언가 다가왔다. 놀란 감성빈이 번개처럼 빠르게 온누리와 천재인을 바위 뒤쪽으로 끌어당겼다. 곧 아이들이 숨은 바위 앞으로 수십 명의 사람들이 지나갔다. 그 사람들은 놀랍게도 왜군이었다.

"왜군? 임진왜란 때의 왜군?"

왜군이 지나간 뒤, 감성빈은 눈으로 보고도 믿어지지 않는지 몇 번이나 되물었다.

"이순신 장군이 싸운 그 왜군 말이야?"

감성빈의 거듭된 질문에 온누리가 벌벌 떨리는 목소리로 대답했다.

"그래, 그 왜군! 우리나라에 쳐들어왔던 왜군."

"맙소사."

"드라마에 나왔던 왜군 복장 그대로였잖아. 맨 앞에 가던 우두머리의 갑옷을 봐도 그렇고, 총을 든 군사들이 쓰고 있던 삿갓처럼 생긴 모자를 봐도 그렇고. 왜군이 분명해."

온누리의 말에 감성빈은 머리를 쥐어뜯기 시작했다.

"으아, 말도 안 돼!"

감성빈의 격한 반응에 천재인도 털썩 주저앉으며 말했다.

"이번 미션의 배경이 조선 시대인 건 알겠는데, 도대체 뭘 해결하라는 거지? 설마 왜군을 물리치라는 건 아니겠지?"

온누리, 천재인, 감성빈은 마른침을 삼키며 서로를 잠시 쳐다보았다.

"먼저 안전한 곳으로 가서 생각 좀 해 보자."

천재인의 말에 누가 먼저랄 것 없이 조용히 계곡 쪽으로 빠져나왔다. 그리고 왜군에게 들키지 않도록 몸을 낮춰 산 아래로 뛰어갔다.

"온누리, 빨리 와!"

"가, 같이 가."

앞서 가던 감성빈과 천재인이 뒤처진 온누리를 위해 잠시 걸음을 멈추었다. 그 순간, 두 아이는 온몸이 돌처럼 굳어 버렸다. 바로 옆 바위 뒤에서 이상한 소리가 들렸기 때문이었다.

"천재인, 너도 들었어?"

"어."

두 아이는 뛰어오는 온누리에게 멈추라는 신호를 보낸 뒤 다시 귀를 쫑긋 세웠다. 이번엔 확실히 소리가 들렸다. 신음 소리였다. 천재인과 감성빈은 살금살금 바위로 다가가 그 뒤를 살폈다. 그러자 피를 흘리며 쓰러진 여러 구의 시신이 보였다. 감성빈이 소리쳤다.

"맙소사, 포졸들이야!"

그들은 조금 전 왜군이 쏘았던 총에 당한 것이 분명했다. 뒤늦게 도착한 온누리는 처참한 광경에 왈칵 울음을 터뜨렸다. 천재인과 감성빈도 다리에 힘이 풀리고 눈앞이 아득해져 왔다. 그때 또다시 신음 소리가 들려왔다.

"으…… 으으으……."

그 소리에 천재인이 퍼뜩 정신을 차렸다.

"살아 있는 사람이 있어!"

두 아이는 신음 소리를 내는 사람을 찾기 위해 시신들을 살폈다. 온 누리도 엉엉 울면서 두 아이를 쫓아왔다. 마침내 세 아이는 아직 숨이 붙어 있는 포졸 한 사람을 발견했다.
　"아저씨, 아저씨! 정신 차리세요!"
　감성빈과 천재인이 포졸의 몸을 흔들자 그는 숨을 헐떡이며 말했다.
　"왜군이…… 왔다는 걸…… 알려야 해."
　포졸은 힘겹게 손을 들어 세 아이가 내려온 산봉우리를 가리켰다.
　"저기…… 위에…… 올라가서……. 컥!"
　포졸은 손을 툭 떨어뜨렸다. 숨을 거둔 것이었다. 세 아이는 포졸을

정성껏 반듯하게 눕힌 뒤, 허둥지둥 계곡으로 돌아왔다. 온누리는 여전히 눈물을 흘리고 있었다. 감성빈과 천재인은 창백해진 얼굴로 온누리의 등을 토닥였다. 온누리가 조금 진정하자 감성빈이 떨리는 목소리로 두 아이에게 물었다.

"이게 미션인 거지?"

온누리와 천재인이 말없이 고개를 끄덕였다. 그러자 감성빈이 이상하다는 듯 물었다.

"그런데 왜군이 왔다는 걸 왜 산 위에 올라가서 알리라는 거야? 마을로 내려가 관아에 알려야 하는 거 아닌가?"

"관군이 산속에 있을지도 모르지. 죽은 포졸들은 정찰을 나왔다가 왜군에게 기습을 당한 거고."

천재인의 말에 감성빈은 고개를 가로저었다.

"네 말이 맞다 해도 관군이 산 어디에 있는 줄 알고 찾아가. 아까 우리가 헤맸던 것 생각해 봐. 이 산이 얼마나 깊고 험한지. 그건 시간 낭비야."

"하지만 산 아래에 내려가도 마찬가지 아닐까? 산 위에서 봤을 때 작은 마을밖에 보이지 않았잖아. 관아가 있는 곳까지 가려면 훨씬 멀리 가야 할지도 모르는데……."

감성빈과 천재인이 산을 내려가느냐 올라가느냐를 두고 티격태격하는 사이, 온누리는 퉁퉁 부은 눈으로 산 위를 바라보고 있었다. 그러다 갑자기 자신의 이마를 탁 치며 말했다.

"그래, 그거였어! 연기!"

연기로 신호를 보내라!

"애들아! 빨리 산 위로 올라가야 해."
온누리의 말에 천재인이 감성빈을 쳐다보았다.
"거봐. 온누리도 산으로 가야 한다고 하잖아."
"저 산속에서 어떻게 관군을 찾아. 난 못 해."
감성빈이 말도 안 된다며 얼굴을 찡그리자 온누리가 고개를 흔들며 말했다.
"포졸 아저씨가 산 위로 가서 왜군이 왔다는 걸 알리라고 한 것은 관군을 찾으라는 말이 아니야. 포졸 아저씨의 말뜻은 산에 올라가서 신호를 보내라는 것이었어."

온누리는 두 아이의 등을 밀며 산을 올라가기 시작했다. 감성빈은 신호라는 말에 관심을 보였다.
"신호라니? 어떻게?"
"아까 우리가 본 연기 있지? 산불인가 했었던. 그게 바로 조선 시대에 급한 소식을 전할 때 사용하던 연기였어."

감성빈과 천재인은 무슨 소리인지 모르겠다는 표정을 지었다. 온누리는 산을 올라가는 게 마음과 달리 무척 힘든지 날이 추운데도 땀을 뻘뻘 흘리고 숨을 헐떡였다.

"후후……. 우리는 먼 곳에 있는 사람에게 급한 소식을 전할 때 전화나 전자 우편을 쓰잖아? 조선 시대에는 연기나 불로 신호를 보냈어. 그걸 봉수라고 하는데……. 아이고, 숨차."

온누리는 잠시 숨을 몰아쉬고는 다시 산을 오르기 시작했다.

"그러니까 봉수는 나라의 위급한 상황을 빨리 알리기 위해 낮에는 연기, 밤에는 횃불로 소식을 주고받던 의사소통 수단이야. 봉수의 봉은 횃불, 수는 연기를 뜻하지."

감성빈과 천재인은 힘들어하는 온누리의 손을 잡아 주며 계속 질문을 쏟아 냈다.

"봉수로 어떻게 소식을 전달한다는 거야? 아주 멀리 있으면 연기든 불이든 안 보이잖아."

"봉수를 보낼 수 있는 봉수대가 전국에 있는 주요 산에 600여 개가 설치돼 있었대. 그래서 선을 따라 전기가 흐르듯, 첫 번째 봉수대에서 신호를 보내면 그걸 보고 두 번째 봉수대가 똑같은 신호를 보내고 세 번째, 네 번째 봉수대가 차례대로 연기를 피워 올려 서울의 남산에까지 신호가 도달하도록 한 거야. 휴."

온누리의 설명에 천재인이 감탄했다.

"그런 시스템이라면 정말 빨리 소식을 전달할 수 있었겠구나!"

"응. 기록에 따르면 전국 어느 곳에서 보낸 신호든지 12시간 정도면 한양에 도착할 수 있었대."

"와, 대단하다. 잠깐. 그럼 아까 저쪽 산봉우리에서 올린 연기 신호를 보고 이 산에서도 똑같이 올려야 했던 거 아냐?"

감성빈의 말에 온누리가 힘겹게 고개를 끄덕였다.

"맞아. 하지만 왜군 때문인지 이 산에서 신호가 끊긴 것 같아. 그러니까 우리가 빨리 올라가서 봉수대를 찾아 신호를 보내야 해. 그런데 너무 힘들다. 헉, 헉……."

"온누리, 조금만 힘내. 곧 정상이야."

20여 분 뒤에 온누리, 천재인, 감성빈은 산 정상에 도착했다. 그곳에서 산 이쪽저쪽을 살펴보니, 산봉우리 바로 아래쪽에 돌을 쌓아 만든 연통 다섯 개가 보였다.

"온누리! 저게 봉수대야?"

"맞아. 감성빈, 빨리 저리로 내려가자!"

아이들이 그곳으로 가 보니 봉수대 근처에 허름한 초가집 한 채가 있었다. 그런데 초가집 안에는 살림 몇 개만 있을 뿐, 사람은 보이지 않았다. 감성빈과 천재인이 고개를 갸우뚱거렸다.

"왜 사람이 한 명도 안 보이지?"

천재인의 물음에 온누리가 착잡한 표정으로 대답했다.

"1500년대 중반부터 봉수 제도의 기강이 많이 무너져서 봉수군이 자리를 비우는 일이 많았대. 임진왜란이 일어났을 때에도 몇 군데에서나 봉수를 올리지 못했다고 하더라고."

온누리는 숲에서 죽음을 맞이한 포졸들이 떠올라 얼굴이 어두워졌다. 하지만 바로 기운을 차려 봉수대를 살펴보기 시작했다. 아궁이 위로 쌓아 올린 연통이 조금씩 무너졌지만 신호를 보내는 데에는 별 문제가 없어 보였다.

"다행이다. 봉수대 상태는 괜찮은 것 같아. 우리라도 아궁이에 장작을 넣고 불을 피워서 연통으로 연기를 올리자."

"그럼 나는 장작이 있는지 저기 가서 찾아볼게."

 감성빈이 장작을 찾으러 초가집에 들어간 사이, 천재인이 물었다.

 "온누리, 여기 있는 아궁이 다섯 개에 모두 불을 피우는 거야? 아까 저쪽 산에서 피어오른 연기는 세 줄기였는데, 무슨 차이지?"

 "응, 봉수는 전달할 내용에 따라 연기의 개수가 달라. 평상시에는 한 개, 적이 나타나면 두 개, 적이 가까이 오면 세 개, 적이 쳐들어오면 네 개, 적과 싸움이 시작되면 다섯 개의 연기를 피워 올리지."

 "그럼 아까 저 산에서 보낸 신호는 적이 가까이 왔다는 뜻이었구나."

"그래. 그런데 지금은 이미 적이 쳐들어왔고 산속에서 관군과 전투까지 했으니까, 우리는 다섯 개를 다 피워 올려야 해."

"장작이 많이 필요하겠는걸."

그때, 감성빈이 다급하게 뛰어왔다.

"온누리, 천재인! 큰일 났어! 장작이 하나도 없어."

"뭐?"

"아무리 찾아봐도 없어. 장작을 쌓아 놓는 데는 텅 비어 있고!"

빨리 신호를 보내야 하는 세 아이는 앞이 캄캄해졌다.

나뭇가지에 불을 붙여라!

"얼른 불 피울 재료를 찾자!"

다급해진 온누리와 천재인이 봉수대 주변의 마른 나뭇가지들을 줍기 시작했다. 그런데 감성빈은 두 아이의 눈치를 보며 머뭇거렸다.

"감성빈 뭐 해? 너도 빨리 나뭇가지를 모아."

"알았어, 천재인. 그런데 저기 있잖아, 문제가 또 하나 있어."

온누리와 천재인이 쳐다보자 감성빈은 힘들게 입을 열었다.

"나뭇가지를 아무리 모아도 소용이 없어. 불을 붙일 만한 것이 없잖아. 그러니까 성냥이나 라이터 같은 거 말이야."

충격을 받은 온누리가 품에 안고 있던 나뭇가지들을 툭 떨어뜨렸다.

"이런, 말도 안 돼. 장작도 없고, 불을 붙일 것도 없단 말이야?"

"봉수군이 있었다면 부싯돌이든 뭐든 갖고 있었을 텐데……."

온누리와 감성빈은 힘이 쭉 빠져 버린 듯, 땅바닥에 털썩 주저앉고 말았다. 하지만 천재인은 무슨 생각에서인지 봉수대 주변을 살피기 시작했다. 그러다 봉수대 옆에 있는 무엇인가를 보고는 밝은 표정으로 소리쳤다.

"아, 이거면 될 것 같다!"

"뭔데? 부싯돌이라도 찾아냈어?"

감성빈과 온누리가 눈을 반짝이며 천재인의 곁으로 다가갔다. 하지만 천재인이 발견한 것은 부싯돌이 아니었다. 그건 꽁꽁 얼어붙은 작은 웅덩이였다. 감성빈과 온누리는 천재인을 째려보며 차례로 구박했다.

"난 또. 잔뜩 기대했었는데."

"천재인, 불 피울 수 있는 걸 찾는 게 아니었어? 도대체 뭐가 될 것 같다는 거야?"

두 아이의 구박에도 천재인은 자신만만한 표정을 지었다.

"온누리, 감성빈! 불은 내가 어떻게든 해결해 볼 테니까 너희는 빨리 땔감을 모아."

"불을 무엇으로, 어떻게 해결할 건데?"

감성빈이 따지듯 물었다. 온누리도 옆에서 고개를 끄덕였다. 온누리와 감성빈이 통 움직이려 하지 않자, 천재인이 갑자기 큰 돌멩이를 집어 들었다. 두 아이는 움찔하며 뒷걸음질을 쳤다.

"아, 알았어. 땔감 모으면 될 거 아냐."

 두 아이가 나뭇가지 등 땔감을 모으기 시작하자 천재인은 피식 웃으며 돌멩이로 작은 웅덩이의 얼음을 깨기 시작했다. 그리고 조각난 얼음 조각 중 가장 두꺼운 것을 손에 쥐더니 계속 비비는 게 아닌가? 나뭇가지를 줍던 온누리가 황당해하며 소리쳤다.
 "천재인, 뭐 하는 거야! 너 손 안 시려?"
 "시리지. 그래도 이렇게 해야 볼록 렌즈를 만들 수 있어."
 "볼록 렌즈?"
 천재인은 손이 아려 오는지 얼음 조각을 내려놓고 허벅지 사이에 두 손을 집어넣었다. 천재인의 표정만 봐도 감성빈과 온누리는 몸에 한기가 느껴졌다.

"으, 손 시려……. 볼록 렌즈는 투명한 물질의 면을 가운데가 볼록하도록 깎아서 빛이 꺾이게 만드는 도구야. 너희도 잘 아는 돋보기가 바로 볼록 렌즈의 하나지. 그런데 얼음도 유리처럼 투명하니까 가운데를 볼록하게 만들면 볼록 렌즈가 될 수 있거든."

"그래서?"

천재인은 다시 얼음을 손에 쥐고 녹이기 시작했다.

"볼록 렌즈가 있으면 햇빛을 모아서 불을 붙일 수 있어. 빛은 굴절하는 성질 때문에 렌즈의 두꺼운 쪽으로 꺾이지. 그래서 볼록 렌즈를 통과한 빛은 가운데로 모여. 이때 렌즈로 빛이 한 점에 모두 모이도록 조절하면 그 점의 온도가 아주 높아져. 거기에 종이를 갖다 대면 불이 붙게 돼."

"그러니까 얼음 돋보기로 햇빛을 모아 불을 붙이려는 거구나!"

"맞아, 감성빈. 그러니까 너희는 빨리 땔감을 모아."

천재인이 손을 호호 불어 가며 얼음 렌즈를 만드는 동안 감성빈과 온누리는 최대한 많은 나뭇가지를 모았다. 조금 뒤, 다섯 개의 봉수대 아궁이마다 땔감을 나누어 놓자 때마침 얼음 렌즈가 완성되었다. 세 아이는 얼음 렌즈를 이용해 먼저 마른풀에 햇빛을 모으며 숨을 죽였다.

"잘될까?"

"잠깐만 기다려 봐……. 어! 연기가 난다. 불이 붙었어!"

눈 깜짝할 사이에 마른풀에 불이 일어났다. 세 아이는 환호를 지르며 불이 꺼지지 않도록 조심스럽게 나뭇가지 하나에 옮겨 붙였다.

"이제 이걸 가져가서 불을 붙이면 돼."

온누리가 나뭇가지를 조심스레 들었다.

"알았어, 천재인. 조심, 조심……."

세 아이는 불이 꺼질까 봐 손으로 바람을 막으며 봉수대로 다가갔다. 그런데 아궁이를 보는 순간, 세 아이는 입을 다물지 못했다. 아궁이마다 쌓아 놓았던 땔감이 모두 사라지고 만 것이었다.

"뭐, 뭐야? 나뭇가지가 다 어디 갔어?"

감성빈이 놀라 외쳤다. 어렵게 땔감을 모은 온누리와 감성빈은 미친 듯이 땔감을 찾아

헤맸다. 그러나 어디에도 땔감은 보이지 않았다. 게다가 엎친 데 덮친 격으로 나뭇가지에 힘들게 붙여 놓은 불씨마저 꺼지고 말았다. 세 아이는 멍한 표정으로 땅바닥에 퍼질러 앉았다. 너무 어이가 없어 화도 나지 않았다.

"귀신이 곡할 노릇이네. 도대체 어떻게 된 거야?"

얼음 렌즈를 만드느라 고생한 천재인이 가장 허탈해했다. 하지만 이대로 그냥 포기할 수는 없었다. 온누리가 두 아이를 다독였다.

"우리 아직 미션 안 끝났어. 이렇게 떨어질 순 없잖아. 다들 힘내자!"

"그래, 죽기 아니면 까무러치기다!"

감성빈이 벌떡 일어나며 소리쳤다. 그리고 온누리와 감성빈은 마치

발에 모터를 단 듯 엄청난 속도로 나뭇가지를 주워 봉수대에 가져왔다. 천재인도 손이 보이지 않을 만큼 빠르게 얼음을 다듬어 다시 볼록 렌즈를 만들었다. 이제 마른풀에 햇빛을 모아 불을 붙일 차례가 되었다. 그러자 감성빈이 봉수대 쪽으로 달려갔다.

"땔감이 또 사라질지도 모르니까 난 봉수대를 지킬게."

천재인과 온누리는 침착하게 얼음 렌즈로 마른풀에 햇빛을 모았다. 그런데 어쩐 일인지 아까처럼 쉽게 불이 붙지 않았다. 봉수대 쪽에서 감성빈이 발을 동동거리며 소리쳤다.

"아직 멀었어? 시간이 없어!"

잠시 뒤, 두 아이는 겨우 불을 붙여 조심조심 봉수대로 다가갔다. 하지만 땔감에 덜 마른 나뭇가지가 섞인 탓인지 불이 쉽게 타오르지 않았다. 마음이 급해진 아이들은 너 나 할 것 없이 아궁이 앞에 바짝 엎드려 있는 힘껏 바람을 불어 넣었다.

"후~, 후~!"

좀처럼 기운을 차리지 못하던 불씨가 차츰 맹렬히 타오르기 시작했다. 마침내 다섯 개의 봉수대 연통 모두에서 연기가 모락모락 피어오르자 아이들은 환호를 지르며 일어났다. 얼마나 바람을 세게 불어 넣었던지 세 아이 다 머리가 핑 돌아 그 자리에서 비틀거릴 정도였다.

그때, 감성빈이 소리쳤다.

"저기 봐! 저쪽 산에서도 연기가 올라오기 시작했어."

"어, 어디?"

온누리와 천재인은 비틀거리면서도 감성빈이 가리킨 산을 보려 노력했다. 현기증이 사라지자 두 아이의 눈에도 다섯 줄로 올라오는 연기가 또렷이 보였다.

"성공이다! 우리 신호가 전달됐어!"

세 아이는 펄쩍펄쩍 뛰며 기뻐했다. 하지만 한편으로는 가슴이 조마조마했다. 사라진 땔감 때문에 시간을 너무 지체해 미션 수행에 실패했을지도 모르기 때문이었다.

"왜 메시지가 안 나타나지……."

가슴을 졸이며 결과를 기다리던 그때! 봉수대 위로 메시지가 나타났다.

'축하합니다. 불사조 팀 미션 성공입니다.'

"휴, 다행이다."

세 아이는 안도의 한숨을 쉬었다. 그러나 그 뒤에 나타난 종합 순위를 보고는 고개를 떨구었다.

'현재 팀 순위는 1위 엄친아 팀, 2위 마사이 팀, 3위 나폴레옹 팀, 4위 히어로 팀, 5위 모모짱 팀, 6위 불사조 팀…….'

"또다시 떨어졌다."

> 요건 몰랐지?

물 때문에 불이 난다고?

간혹 농촌의 비닐하우스에 원인 모를 불이 나는 경우가 있어. 그 이유는 비가 온 뒤 비닐하우스 윗부분에 고인 물에 햇빛이 비치면 물이 고인 부분이 볼록 렌즈 역할을 해서 햇빛을 한곳에 모으기 때문이야. 이처럼 햇빛이 볼록 렌즈 역할을 하는 어떤 물건에 의해 굴절되면서 한 점에 모여 불이 나는 경우가 있어.

비닐하우스에 고인 물처럼 집 안에서 볼록 렌즈 역할을 할 가능성이 있는 것은 조그맣고 둥근 어항이야. 집 안으로 들어온 햇빛이 어항을 통해 한곳에 모여 우연히 불에 잘 타는 물질에 초점이 맞으면 불이 붙을 수 있거든. 또 베란다에 보관하는 음료수 페트병도 볼록 렌즈 역할을 해서 불이 날 수 있대.

핵심 콕콕 사회 봉수

옛날의 의사소통 수단

우리는 먼 곳에 있는 사람과 연락해야 할 때 휴대 전화나 전자 우편 등을 이용해. 하지만 이런 기계가 없던 옛날에는 봉수, 파발, 소리 등을 이용했어. '봉수'는 밤에는 횃불로, 낮에는 연기로 신호를 전달하는 의사소통 수단이야. 군대의 이동 상황이나 적의 침입에 대한 정보를 임금이 있는 조정에 가장 빨리 전해 주었지. '파발'은 조선 시대에 변방으로 가는 공문서를 빠르게 전달하려고 만든 의사소통 수단으로, 기밀문서를 봉투에 넣어 붙이고 관인을 찍은 다음 사람을 시켜 보냈어. 파발에는 말을 타고 가서 공문서를 전달하는 '기발'과 사람이 직접 걸어가 전달하는 '보발'이 있어.

옛날에는 소리로도 의사소통을 했어. 봉수대에 적군의 침략을 알리는 연기나 횃불이 오르면 성루에 올라가 뿔피리를 불어 군사들에게 모이라는 신호를 보냈고, 전투할 때에는 징이나 북을 쳐서 명령을 전달했지.

봉수 신호의 의미

　서울의 남산 봉수대에 가면 아궁이가 붙어 있는 다섯 개의 연통을 볼 수 있어. 봉수대에서는 평상시에는 한 개, 적이 나타나면 두 개, 적이 가까이 오면 세 개, 적이 쳐들어오면 네 개, 적과 싸움이 시작되면 다섯 개의 신호를 올렸지. 우리나라가 전국적으로 봉수 제도를 갖추게 된 것은 조선 세종 때부터야. 봉수대는 전국에 600여 개가 있었는데, 변방의 위급한 상태를 중앙에 알리는 기능 외에도 당시 한양 사람들이 봉수 신호가 한 개인 것을 보고 아무 일이 없음을 알았듯 나라의 치안 상태를 알려 주는 역할도 했어.
　그렇다면 머나먼 국경 지역에서 보내는 신호가 한양까지 도달하는 데 얼마나 걸렸을까? 봉수의 전달 속도는 1시간에 100km 정도여서 대략 12시간이면 전국 어느 곳에서 보낸 신호든지 한양에 도달할 수 있었대.

빛과 렌즈

렌즈란?

'렌즈'는 유리처럼 투명한 물질의 면을 깎아서 물체로부터 오는 빛을 모으거나 흩어지게 해 상을 맺게 하는 도구를 말해. 이는 빛이 서로 다른 물질의 경계에서 꺾이는 성질인 굴절을 이용한 거지. 렌즈 중에 렌즈의 가운데 부분이 가장자리보다 두꺼운 렌즈를 '볼록 렌즈'라고 하고, 반대로 렌즈의 가운데 부분이 가장자리보다 얇은 렌즈를 '오목 렌즈'라고 해.

오목 렌즈로 가까이 있는 물체를 보면 똑바로 선 모양으로 작게 보이고, 멀리 있는 물체를 보면 똑바로 선 모양으로 더 작게 보여. 볼록 렌즈로 가까이 있는 물체를 보면 똑바로 선 모양으로 크게 보이고, 멀리 있는 물체를 보면 거꾸로 선 모양으로 작게 보이지.

가까이 있는 물체

멀리 있는 물체

오목 렌즈로 본 물체의 모습

빛을 모이게 하는 볼록 렌즈

빛은 렌즈를 통과할 때 굴절하는 성질 때문에 렌즈의 두꺼운 쪽으로 꺾여. 볼록 렌즈는 가운데가 볼록하기 때문에 볼록 렌즈를 통과한 빛은 가운데로 모이지. 볼록 렌즈를 통과한 빛이 모이는 한 점을 볼록 렌즈의 '초점'이라고 하고, 렌즈의 중심에서 초점까지의 거리를 '초점 거리'라고 해.

대표적인 볼록 렌즈로 돋보기가 있어. 돋보기로 빛을 모아 햇빛이 가장 작아지는 한 점에 종이를 갖다 대면 종이를 태울 수 있는데, 이 점이 바로 돋보기의 초점이야. 빛이 모인 곳, 즉 초점의 온도가 높아져 불이 붙는 거지. 돋보기 이외에 현미경과 사진기에도 볼록 렌즈가 사용돼. 또 물이 들어 있는 비닐봉지나 유리컵, 물방울 등도 볼록 렌즈와 같은 역할을 할 수 있어.

가까이 있는 물체

멀리 있는 물체

볼록 렌즈로 본 물체의 모습

제3장
귀한 그림을 훔친 범인은?

본선 미션 일곱 번째

양반집에 일어난 도난 사건

세 아이는 다음 미션 수행 공간으로 이동했지만 통 집중하지 못했다.
"으, 땔감만 사라지지 않았어도 6위까지 떨어지진 않았을 텐데."
"내 말이……. 도대체 누가 땔감을 가져간 걸까?"
"설마 그것도 미션 중 하나는 아니었겠지?"
그러자 그때까지 조용히 있던 천재인이 성난 목소리로 말했다.
"그건 아닐 거야. 나중에 대회 측에 이야기해 봐야겠어."
천재인은 사라진 땔감뿐 아니라 고인돌 미션 때 보았던 이상한 남자에 대해서도 계속 신경이 쓰였다. 하지만 논리적인 천재인은 지금 당장 눈앞에 놓인 미션을 해결하는 것이 우선이라 생각했다.
"지나간 일은 잊고 이번 미션에 집중하자. 그런데 여기는 어디지?"
그때야 세 아이는 자신들이 커다란 기와집 앞에 서 있다는 것을 깨달았다. 기와집의 대문은 활짝 열려 있었고, 그 안에서 한복을 입은 사람들이 상을 들고 분주히 움직이고 있었다. 세 아이는 상 위의 음식에서 눈을 떼지 못했다.
"잔치가 열렸나 보다."
"우아, 고소한 냄새. 부침개다."
온누리는 기와집에서 풍겨 나오는 냄새에 이끌려 대문 앞으로 걸어 갔다. 감성빈과 천재인도 출출했는지 자석에 이끌리듯 다가갔다. 어느새 세 아이는 대문 앞에 서서 군침을 흘리며 음식을 구경하고 있었다.

그때, 마당을 지나가던 하인이 세 아이를 보고 걸음을 멈추었다.

"거기 너희."

"네? 저희요?"

"그래. 이리로 들어와."

세 아이는 눈치를 보며 쭈뼛쭈뼛 마당으로 들어섰다. 마당에는 손님들이 한차례 휩쓸고 간 듯, 빈 접시만 남은 상들이 여기저기 놓여 있었다. 하인은 돗자리가 깔린 마당 구석으로 아이들을 데려갔다.

"여기 앉아서 잠깐 기다려. 먹을 것을 가져다줄 터이니."

"아, 저희는 괜찮은데……."

말은 그렇게 했지만 아이들은 꿀꺽 침을 삼켰다. 그 모습에 하인이 너털웃음을 터뜨렸다.

"하하, 사양할 것 없다. 아직 음식이 많으니 내가 잔뜩 가져다주마."

잠시 뒤, 하인은 진짜 상다리가 부러질 만큼 많은 음식을 가져다주었다. 국수와 전, 떡에 고기까지, 말 그대로 진수성찬이었다.

"와, 진짜 맛있어요. 아저씨, 오늘 무슨 날이에요?"

온누리가 볼이 미어터질 만큼 음식을 입에 넣으며 물었다. 하인은 걱정스러운 듯 물그릇을 건네며 말했다.

"에구, 천천히 먹어라. 그러다가 체하겠다. 오늘은 우리 대감마님 생신이야. 그래서 크게 잔치를 열었지."

그 말에 천재인이 주변 눈치를 보며 작은 목소리로 물었다.

"그런데 저희처럼 아무 상관없는 사람이 와서 먹어도 돼요?"

"하하하, 그러니까 동네잔치인 게야. 길을 지나가던 행인도, 거지도 모두 들어와서 한 상 배부르게 먹고들 갔단다."

세 아이는 혹시 자기들을 거지로 생각한 건 아닌가 슬그머니 걱정이 되었다. 하지만 신경 쓰지 않기로 했다. 진심이 느껴졌기 때문이었다.

"난 이제 뒷정리를 하러 가야 해. 혹 더 먹고 싶은 것 있으면 눈치 보지 말고 말하거라. 집에 갈 때도 좀 싸 줄 테니 꼭 챙겨 가고. 알았지?"

하인이 자리를 뜨고 난 뒤, 아이들은 음식을 하나도 남김없이 먹어 치웠다. 온누리와 감성빈이 자기 배를 두드리며 신기해했다.

"가상 현실인데도 배가 부른 느낌이 나다니. 신기한데?"

"그러게? 흐흐흐흐."

"어이구, 둘 다 단순하기는."

천재인의 말에 감성빈이 발끈하는 척했다.

"그러는 너는? 너도 음식 때문에 미션 까맣게 잊고 있었잖아."

"아, 맞다. 도대체 이번 미션은 뭐지?"

그때, 갑자기 안에서 고함 소리가 들렸다.

"섭섭이 이놈! 감히 네가 내 물건에 손을 대다니!"

그 소리에 마당에 있던 사람들이 수군거리기 시작했다. 잠시 뒤, 건장한 체격의 장정들이 한 남자를 끌고 나와 마당에 내동댕이쳤다. 그리고 대청마루 위로 비단옷을 입은 남자가 나타나 버럭 소리를 질렀다.

"그 그림을 어디에 숨겼느냐! 어서 내놓지 못할까."

내동댕이쳐진 남자는 바닥에 납작 엎드렸다. 그러고는 억울하다는

듯 소리쳤다.

"아이고, 대감마님! 제가 가져간 것이 아닙니다. 믿어 주십시오."

"내 너를 믿었건만, 그 그림을 만진 사람이 너밖에 더 있느냐!"

대감마님의 서슬 퍼런 모습에 사람들이 다 벌벌 떨었다. 멀찍이 떨어져 구경하던 아이들이 옆에 있는 아주머니에게 물었다.

"아줌마, 대체 무슨 일이에요?"

"오늘 대감마님 생신이라고 사또께서 대감마님의 만수무강을 기원하는 그림을 선물로 보내셨대. 대감마님은 아주 귀한 선물을 받았다며 좋아하셨지. 그리고 그 그림을 섭섭이한테 시켜서 서재에 갖다 두라고 하셨는데, 좀 전에 가 보니 그림이 없어졌다지 뭐야."

세 아이는 인상을 찡그리며 서로를 쳐다보았다.

"뭐야, 그러니까 그 그림을 방에 갖다 둔 사람이기 때문에 범인이라는 거예요?"

천재인이 어이없다는 듯 물었다.

"그렇지. 어, 너희는 아까 섭섭이가 상 차려 준 아이들 아니냐?"

아주머니의 말에 온누리, 천재인, 감성빈은 화들짝 놀라고 말았다.

"네? 저희에게 음식을 준 아저씨가 저기 있는 저 사람이에요?"

세 아이는 바닥에 엎드려 벌벌 떨고 있는 남자를 쳐다보았다. 멀리 있는 데다가 얼굴이 보이지 않아 아까 그 친절한 아저씨라는 것을 눈치채지 못한 것이었다.

"그래, 바로 섭섭이야. 너희도 봐서 알겠지만, 저놈이 얼마나 착한데 도둑질이라니 말도 안 되지. 대감마님도 어렸을 때부터 보셨으면서 섭섭이를 저리 의심하시다니. 너무하시네, 너무하셔."

바로 그때, 대감마님의 목소리가 다시 쩌렁쩌렁 울려 퍼졌다.

"어허, 이놈이! 좋게 말로 해서 안 되겠구나. 여봐라! 저놈을 흠씬 두들겨 패 주어라!"

"대감마님! 대감마님! 살려 주십시오!"

놀란 세 아이가 사람들을 헤치고 앞으로 나아갔다. 그리고 장정들이 몽둥이로 막 내려치려는 순간, 천재인이 있는 힘껏 소리를 질렀다.

"그만두세요!"

갑자기 뛰어든 천재인 때문에 마당에는 일순간 정적이 흘렀다. 곧 대감마님의 분노에 찬 목소리가 정적을 깼다.

"이놈! 어디 어린놈이 남의 집 일에 끼어드는 게야!"

천둥 같은 호통 소리에 온누리와 감성빈은 목이 움츠러들었다. 하지만 천재인은 눈 하나 깜짝하지 않고 대감마님을 똑바로 쳐다보았다.

"어떻게 아무 증거도 없이 도둑으로 몰아붙일 수가 있어요? 섭섭이 아저씨가 그림을 가져가는 걸 본 사람이 있나요? 아니면 아저씨한테서 그림이 나왔어요?"

천재인의 말에 대감마님의 얼굴이 붉으락푸르락해졌다.

"증거는 무슨 증거! 사또가 준 그림을 직접 본 사람은 섭섭이밖에 없는데. 그러니 그 그림을 가져간 놈도 저놈이 분명하지 않느냐!"

"그건 말이 안 되죠! 사또에게 그림 선물을 받았다는 건 이 집 사람들

모두 알잖아요."

"아, 아니…… 이놈이! 어디 어른한테 꼬박꼬박 말대답을 하는 게냐! 도대체 네놈은 누구냐?"

보다 못한 온누리가 조심스럽게 나섰다.

"저……. 이럴 게 아니라 사라진 그림을 먼저 찾는 게 어떨까요? 그림을 찾으면 가져간 범인도 알 수 있을 텐데요. 그림이 있을 만한 곳은 다 찾아보신 거예요?"

대감마님은 온누리까지 나서자 화가 더욱 치민 듯 씩씩거렸다.

"내가 직접 그림이 있던 서재와 섭섭이 놈의 방을 뒤졌다. 하지만 나오지 않았어! 그래서 숨겨 둔 곳을 말하라고 섭섭이를 족치는 것인데, 네놈들이 이렇게 방해를 했으렷다?"

그때, 섭섭이 아저씨가 대성통곡을 하기 시작했다.

"대감마님! 대감마님! 저는 정말 하늘에 맹세코 그림을 훔치지 않았습니다. 숨기지도 않았고요. 제발 제 말을 믿어 주세요, 대감마님!"

그 순간, 대감마님의 눈빛이 살짝 흔들렸다. 대감마님은 천재인을 노려보며 말했다.

"좋다. 네가 그리 똑똑하면 그림을 찾고 범인도 밝혀라. 단, 오늘 안에 찾지 못하면 네놈들도 섭섭이 놈과 한패로 엮어 관아에 넘길 것이다!"

그 순간, 세 아이는 이것이 바로 일곱 번째 미션이라는 것을 깨달았다. 천재인은 온누리, 감성빈과 눈빛을 주고받은 뒤, 고개를 끄덕였다.

"좋아요! 저희가 그림을 찾을게요."

"대감마님! 그 전에 여쭤 볼 것이 있어요."

그때까지 뒤에 물러나 있던 감성빈이 다급하게 질문했다.

"선물 받은 그림이 어떤 그림이었나요? 저희가 찾으려면 어떤 그림인지 알아야 하잖아요."

"그건 나도 모른다."

"네?"

대감마님의 대답에 세 아이는 멍한 표정을 지었다.

"그림을 펼쳐 보기 전, 손님을 배웅해야 해서 하는 수 없이 그냥 서재에 갖다 놓으라고 한 것이다. 다만 선물을 가져온 이방의 말이 만수무강을 기원하는 그림이라고 했다."

감성빈은 난감한 표정으로 천재인과 온누리를 쳐다보았다.

만수무강을 기원하는 그림?

대감마님은 그림을 찾을 때까지 섭섭이 아저씨를 광에 가두라고 명령했다. 섭섭이 아저씨는 끌려가면서도 아이들을 먼저 걱정했다.

"얘들아, 나 때문에 괜히 너희까지 곤욕을 치르게 됐구나. 어쩌냐, 미안해서……."

"아니에요, 아저씨. 저희가 반드시 그림을 찾아서 아저씨의 누명을 벗겨 드릴게요."

온누리의 말에 섭섭이 아저씨는 힘없이 웃어 보였다. 세 아이는 아저씨의 뒷모습을 쓸쓸하게 바라보았다. 하지만 곧 그림을 찾기 위해 집 안을 살피기 시작했다. 그런데 아무리 생각해도 말이 되지 않았다.

"아니, 어떻게 저리도 막무가내일 수가 있지? 자기도 어떤 그림인지 모르면서 우리보고 그림을 찾으라니, 이게 말이 돼?"

천재인이 투덜거리자 온누리도 화가 치밀어 올랐다.

"그러게 말이야. 아무 그림이나 가져가서 이게 바로 도둑맞았던 그림이오~, 해도 모를 것 같아."

그때, 계속 생각에 잠겨 있던 감성빈이 엉뚱한 질문을 했다.

"온누리, 우리가 있는 이 시대가 언제쯤일까?"

"음……, 사람들이 사또, 대감마님이란 단어를 사용하는 걸 보면 조선 시대 같아. 옷차림새를 봐도 그렇고."

"그래? 좀 더 자세히 알 순 없을까?"

온누리는 집 안의 물건들과 사람들을 유심히 살피기 시작했다. 그러다 마당을 지나가는 어떤 사람을 보더니 손뼉을 딱 쳤다.

"아! 1700년대 이후인 것 같아."

감성빈과 천재인은 온누리가 바라보는 아저씨를 함께 보며 물었다.

"그걸 어떻게 알아?"

"저 아저씨가 지금 들고 있는 게 담배를 피우는 도구인 곰방대야. 담배는 1600년대 초에 일본에서 들어왔는데, 처음엔 값이 비싸 일반 사람들은 접하기 힘들었어. 하지만 이후에는 중요한 작물이 되어서 일반 사람들에게도 널리 퍼졌지. 양반이 아닌 저 아저씨가 담배를 피우는 걸 보면 내 말이 맞을 거야."

대화를 듣고 있던 천재인이 궁금한 얼굴로 물었다.

"그런데 감성빈, 시대가 왜 궁금한데?"

"온누리 말대로 지금이 1700년대 이후라면 대감마님이 선물 받은 그림은 민화일 거야. 그리고 만수무강을 기원한다고 했으니까, 민화 중에서도 장수를 바라는 십장생도일 가능성이 커."

천재인과 온누리가 고개를 갸웃거렸다.

"민화는 뭐고 십장생도는 또 뭐야? 그게 그림 이름이야?"

"'민화'란 조선 후기에 유행하던 그림이야. 옛날 그림 중에 호랑이나 새가 그려진 그림을 본 적 있지? 그런 그림은 집 안을 장식하려는 용도도 있지만 나쁜 귀신을 쫓고 복을 빌기 위한 의미도 있대."

"그럼 십장생도는 뭘 그린 건데?"

 감성빈은 마루에 걸터앉으며 설명을 이어 갔다.
 "십장생도는 예로부터 오래 산다고 믿어 왔던 열 가지를 그린 그림이야. 불로초, 거북, 사슴, 학, 구름, 물, 바위, 산, 소나무, 해, 달, 대나무, 복숭아 가운데 열 가지를 골라 그린 그림이지."
 "아, 그러니까 그림에 나오는 열 가지처럼 오래오래 살기를 바라는 뜻으로 생일에 십장생도를 선물한 거구나."
 감성빈이 고개를 끄덕였다.
 "그래서 환갑잔치 같은 것을 열 때 화가를 초청해서 이런 그림을 그리게 했대. 아무튼 지금이 조선 시대 후기이고 생일에 장수를 기원하는 그림을 선물했다면 분명 십장생도일 거야."

어떤 그림인지 예상하게 된 세 아이는 집 안의 그림이란 그림을 모두 살펴보았다. 감성빈의 말대로 민화가 유행인 듯 꽃이나 나비, 호랑이가 그려진 그림이 많았다. 하지만 십장생도는 단 한 점도 나오지 않았다. 온누리는 슬슬 불안해지기 시작했다.

"그림이 집 안에 없는 것 아닐까? 그럼 우리는 어떻게 해야 해?"

감성빈과 천재인도 심각한 표정으로 말했다.

"아무래도 그림을 찾기보다는 훔친 범인을 먼저 잡아야 할 것 같아."

"나도 그렇게 생각해. 그럼 범인의 흔적부터 찾아볼까?"

세 아이는 섭섭이 아저씨가 갇혀 있는 광으로 갔다. 천재인이 물었다.

"아저씨, 여쭤 볼 게 있는데요. 그 그림을 대감마님에게서 받은 순간부터 마지막으로 봤을 때까지 쭉 말씀해 주실 수 있어요?"

"음, 잔치가 거의 끝날 무렵 이방 어른이 찾아와 선물을 주고 갔어. 그때 대감마님은 손님을 배웅할 때라 나에게 서재에 갖다 놓으라고 하셨지. 나도 손님들께 인사하랴 상 치우랴 할 일이 많아 얼른 서재에 그림만 두고 바로 나와 일을 했어. 그리고 조금 뒤에 너희를 봤고."

"그렇다면 아저씨가 서재에 그림을 놓고 나온 뒤에 집 밖으로 나간 사람이 있나요?"

섭섭이 아저씨는 한참 동안 기억을 떠올렸다.

"글쎄, 마지막 손님을 대감마님이 배웅하고 있었고······. 맞아, 그 뒤로 집 밖으로 나간 사람은 없어."

그 말에 세 아이는 범인과 그림 둘 다 아직 집 안에 있을 거라 확신했다. 이제는 그걸 어떻게 찾아내느냐가 문제였다.

그림을 훔친 범인을 밝혀라!

세 아이는 우선 범행 현장인 서재에 대해서 알아보기로 했다. 아이들은 진짜 탐정이 된 듯 탐문 수사를 하기 시작했다. 가장 먼저 만난 사람은 집안 사정에 훤한 침모였다.

"서재는 대감마님이 아끼는 물건을 두는 방이라 아무나 못 들어가. 심지어 가족도 함부로 드나들 수 없지."

"가족도요? 음……. 그럼 오늘 그 방에 들어간 사람은 섭섭이 아저씨뿐인가요? 다른 사람이 들어가는 건 못 보셨어요?"

"나는 대감마님과 섭섭이 외에는 못 봤어."

다른 하인들도 침모와 같은 말을 했다. 그다음, 세 아이는 대감마님과 섭섭이 아저씨를 서재로 오게 했다.

"섭섭이 아저씨, 아저씨가 그림을 놓아둔 곳이 어딘가요?"

"여기 책장에 올려놓았어."

섭섭이 아저씨가 가리킨 책장은 고동색으로 옻칠이 되어 있었다. 책장의 각 칸에는 책과 물건들이 놓여 있었고 그림을 두었다는 곳만 텅 비어 있었다. 천재인은 그곳을 유심히 살핀 뒤, 대감마님에게 질문했다.

"이 서재에는 늘 대감마님과 섭섭이 아저씨, 둘만 들어오시나요? 다른 사람이 들어오는 경우는 없나요?"

"없다."

대감마님은 천재인이 마음에 들지 않는 듯 퉁명스럽게 대답했다. 하지만 천재인은 그 대답에 오히려 얼굴이 밝아졌다.

"한 가지만 더 여쭤 볼게요. 서재 청소는 마지막으로 언제 했나요? 누가 했어요?"

대감마님과 섭섭이 아저씨가 서로를 보며 대답했다.

"오늘 잔치가 있기 전에 섭섭이가 했다."

"맞아. 오늘 아침에 내가 했어."

"어디 어디를 어떻게 청소하셨어요?"

"구석구석 다 쓸고 물걸레로 닦았지."

천재인이 책장을 가리키며 물었다.

"여기 그림을 두었다는 책장 칸도요?"

"응. 먼지가 좀 있어서 더 신경 써서 닦았어."

그 말에 천재인의 눈이 반짝거렸다.

"그거 잘됐네요. 대감마님! 한 가지 부탁드릴 것이 있어요. 저에게 숯과 털이 아주 가늘고 부드러운 붓 하나를 빌려 주세요."

대감마님은 하인을 시켜 숯과 붓을 가져다주었다. 천재인은 숯을 긁어 아주 곱게 가루를 내기 시작했다. 그리고 숯가루를 붓에 묻히더니 문고리와 책장에 살살 문지르는 것 아닌가?

"천재인, 지금 뭐 하는 거야?"

감성빈이 어리둥절해하며 물었다.

"범인이 그림을 가져갈 때 만졌을 만한 부분에서 흔적을 찾으려고."

"그렇게 숯가루를 묻히면 흔적이 나와? 어떤 흔적이 나오는데?"

천재인이 고개를 숙여 숯가루가 뭉친 부분을 유심히 살피며 말했다.

"너희 손가락 끝에 무늬가 있지? 그걸 '지문'이라고 하는데, 지문에서 땀과 기름이 나오기 때문에 물체에 닿으면 지문 자국이 남아. 이 자국은 투명해서 잘 안 보이지만 이렇게 숯가루를 묻히면 땀과 기름에 숯가루가 묻어 지문이 확실하게 보이지."

온누리는 자신의 지문을 들여다보며 고개를 갸우뚱했다.

"지문을 찾아내면 범인을 알아낼 수 있어? 어떻게?"

"지문은 사람마다 생긴 모양이 다 달라. 또 그 모양이 평생 변하지 않기 때문에 사람을 정확하게 구별하는 데 사용되지. 서재에서 나온 지문과 이 집에 있는 사람들의 지문을 비교해 보면 그 지문의 주인이 누구인지 알 수 있을 거야. 그러면 범인도 알아낼 수 있고."

"네 말은 서재에서 나온 지문으로 누가 서재에 들어왔는지 알아내겠다는 거구나?"

온누리의 말에 천재인이 씩 웃었다.

"그렇지. 오늘 아침에 깨끗이 청소했다고 했으니까 서재에

는 오늘 이 방에 들어온 사람들의 지문만 남아 있을 거야. 대감마님과 섭섭이 아저씨 외에 다른 사람의 지문이 나온다면 그 사람이 범인일 확률이 높아."

"아하! 그거 진짜 좋은 방법이다."

감성빈이 새삼스럽게 감탄했다.

"그런데 지문을 어떻게 비교하지?"

감성빈이 다시 고개를 갸웃하며 물었을 때, 천재인이 주머니에서 뭔가를 꺼냈다. 셀로판테이프였다.

"다행히 주머니에 셀로판테이프가 있었어. 이걸로 문고리와 책장에 있는 지문을 채취해서 사람들의 지문과 비교할 거야."

천재인은 숯가루로 찾아낸 지문에 셀로판테이프를 잘라 붙였다. 그리고 조심스럽게 떼어 내자 투명한 테이프에 지문 모양이 선명하게 나타났다. 천재인은 같은 방법으로 다섯 개의 지문을 찾아냈다. 그 뒤, 천재인은 감성빈, 온누리와 함께 집 안에 있는 사람들의 지문을 모두 채취했다. 아이들이 서재에서 찾은 지문을 섭섭이 아저씨와 대감마님의 지문과 비교하자, 지문 네 개가 섭섭이 아저씨와 대감마님의 것이라는 사실이 밝혀졌다. 그렇다면 나머지 한 개는 분명 다른 사람의 것이었다.

"섭섭이 아저씨와 대감마님 외에 서재에 들어온 사람이 있었어."

"정말? 그럼 그 사람이 범인이겠네?"

"그럴 가능성이 높아. 먼저 누구의 지문인지 알아내야 해."

천재인은 엄청난 집중력을 발휘하며 그 지문의 주인을 찾기 시작했

다. 그런데 잠시 뒤, 천재인이 화들짝 놀라며 고개를 들었다.

"어라?"

온누리와 감성빈이 궁금한 얼굴로 바짝 다가갔다.

"왜? 누군지 알아냈어? 누군데?"

천재인은 멍하니 입을 벌린 채 두 아이를 쳐다보았다.

"그게……. 아들이야. 대감마님의 아들이 오늘 서재에 들어왔었어."

의외의 사람이 용의 선상에 오르자 온누리와 감성빈도 깜짝 놀랐다.

"이 집 아들? 아들이 왜 아버지의 선물을 훔치지?"

온누리가 말한 그때, 방문이 벌컥 열리며 대감마님의 성난 얼굴이 보였다. 그 뒤에는 대감마님의 아들이 놀란 토끼 눈을 하고 서 있었다.

"지금 뭐라고 한 것이냐? 내 아들이 그림을 훔쳤다고? 이놈들이 누굴 모함하는 게냐!"

고래고래 고함치는 대감마님 때문에 아이들은 귀청이 떨어져 나갈 지경이었다. 천재인이 최대한 차분한 목소리로 말했다.

"아드님이 그림을 훔쳤는지는 확실하지 않아요. 그렇지만 오늘 서재에 들어왔었다는 건 확실해요. 이렇게 증거가 나왔거든요."

천재인이 지문을 보여 주며 설명하자 대감마님은 아들에게 물었다.

"네가 오늘 내 서재에 들어왔었느냐?"

"네? 제가 거기에 왜 들어갑니까? 저는 들어간 적 없습니다. 아버님, 저 어린아이의 말을 곧이곧대로 믿으십니까?"

아들이 태연한 얼굴로 부인하자 대감마님은 세 아이를 노려보았다.

"감히 금쪽같은 내 아들을 도둑이라 했겠다. 네놈들을 믿은 내 잘못이지. 당장 섭섭이 놈과 함께 관아로 가자!"

그러자 천재인이 대감마님의 앞을 가로막으며 소리쳤다.

"잠깐만요! 그 전에 마지막으로 아드님의 방을 조사하게 해 주세요. 만일 그곳에서도 그림이 안 나오면 저희가 모든 책임을 질게요."

그 순간 온누리와 감성빈은 아들의 얼굴이 하얗게 질리는 것을 보았다. 하지만 아들의 표정을 보지 못한 대감마님은 세 아이를 무섭게 노려보다 겨우 허락해 주었다.

"좋다. 대신 너희끼리 돌아다니도록 두지 않겠다. 돌석아! 이놈들이 도망 못 가게 단단히 감시하거라!"

천재인, 온누리, 감성빈은 우락부락 무섭게 생긴 돌석이와 함께 아들의 방으로 갔다. 셋은 돌석이가 지켜보는 가운데 책, 가구, 옷 등을 모두 뒤졌지만 어쩐 일인지 그림은 보이지 않았다. 온누리는 등줄기에서 땀이 흐르기 시작했다.

"천재인, 그림이 안 보여. 이제 어떡하면 좋지……."

그때, 옷장 뒤를 살펴보던 감성빈이 소리쳤다.

"온누리! 천재인! 여기 두루마리 족자 하나가 숨겨져 있어."

"어서 족자를 펼쳐 봐."

감성빈이 끈을 풀고 족자를 펼쳤다. 그러자 풍경화처럼 산과 나무, 물, 해와 동물들이 화려하게 그려진 그림이 나타났다. 감성빈의 추측대로 사또가 보낸 그림은 십장생도였다.

"우아, 정말 멋지다. 그런데 도대체 왜 아들이 아버지 그림을 훔쳤지? 그래 놓고 뻔뻔하게 발뺌하다니! 용서할 수가 없어."

이 모습을 보던 돌석이가 주위를 살피더니 작은 목소리로 말했다.

"나도 장터에서 들은 소문인데, 도련님이 노름에 빠져서 빚이 엄청나게 많대. 아마 그림을 팔아서 몰래 노름빚을 갚으려던 것 아닐까?"

"네? 노름빚이오?"

돌석이는 자신도 놀랐다는 듯 고개를 끄덕였다.

"그림을 찾았으니 천만다행이다. 사실, 나도 섭섭이가 그랬을 거라고 생각하지 않았거든. 아무튼 이 소식을 대감마님께 알려야겠다."

돌석이가 대감마님이 있는 안으로 뛰어간 뒤, 세 아이는 십장생도를 들고 마당으로 나왔다.

"이제 이 그림만 전해 주면 섭섭이 아저씨도 풀려나겠지?"

"당연하지! 이렇게 증거가 나왔는데 딴소리하면 가만 안 둘 거야."

그런데 그때, 갑자기 어디선가 나타난 남자가 천재인의 손에서 족자를 가로채 달아나기 시작했다.

"어? 어어."

그 남자는 눈 깜짝할 사이에 족자를 들고 대문 밖으로 달아났다. 감성빈과 천재인이 엄청난 속도로 그 남자를 쫓아갔다.

"이 도둑놈! 거기 서!"

순식간에 일어난 일에 멍하니 서 있던 온누리도 두 아이를 따라 뛰어가기 시작했다.

"아니, 왜 또 이런 일이 일어나는 거야. 그림만 넘겨주면 미션 성공인데……. 으아아아."

천재인과 감성빈은 전속력으로 남자를 쫓아갔다. 남자는 쫓아오는 두 아이의 기세에 놀라 허둥대다 그만 돌부리에 걸려 넘어지고 말았다.

"감성빈, 그림부터 뺏어!"

천재인과 감성빈이 넘어진 남자 위로 몸을 날렸다. 그런데 그 짧은 순간, 남자의 주위가 이상하게 일그러지더니 남자가 흔적도 없이 사라지는 게 아닌가? 두 아이는 그대로 땅바닥에 내리꽂히고 말았다.

"아이코!"

천재인과 감성빈은 충격에 머리가 어질어질했다. 하지만 눈앞에서 순식간에 사라진 남자 때문에 놀란 것이 더 컸다.

"어디로 사라졌지?"

"그림! 그림도 사라진 거야?"

다행히 뒤늦게 도착한 온누리가 담장 밑에 떨어진 족자를 발견했다.

"그림은 여기 있어! 천만다행이다."

세 아이는 얼른 족자를 들고 안채로 뛰어갔다. 이미 돌석이에게 자초지종을 들은 대감마님은 저승사자 같은 표정으로 하늘을 쳐다보고 있었다. 그의 아들은 파랗게 질린 얼굴로 그 앞에 넙죽 엎드려 있었다.

"아버님, 한 번만 용서해 주십시오! 제가 죽을죄를 지었습니다."

대감마님은 아들에게 단단히 화가 났는지 눈길도 주지 않은 채 입을 꽉 다물고 있었다. 하지만 세 아이가 조심스럽게 족자를 건네자 그림을 펼쳐 보며 부드러운 목소리로 말했다.

"정말 멋진 그림이구나. 너희가 아니었으면 이 그림을 찾지도 못하고 섭섭이한테 큰 실수를 할 뻔했구나."

바로 그때, 족자에서 빛이 나며 메시지가 나타났다.

'축하합니다. 불사조 팀 미션 성공입니다.'

뒤이어 순위가 발표되었다. 불사조 팀의 순위는 여전히 6위였다. 그러나 아이들은 실망하지 않았다. 광에서 풀려난 섭섭이 아저씨가 환한 미소를 지으며 다가왔기 때문이었다.

세상에 똑같은 지문은 없다?

요건 몰랐지?

일란성 쌍둥이는 친부모도 구분하지 못할 만큼 외모가 똑같이 생긴 경우가 많아. 그 이유는 하나의 수정란이 두 개로 나뉘어 DNA가 똑같기 때문이지. 다시 말해서 일란성 쌍둥이는 DNA로는 서로 다른 사람임을 구별할 수가 없어. 그러나 놀랍게도 똑같이 생긴 일란성 쌍둥이도 지문은 서로 달라. 지문의 모양은 유전적 요인도 작용하지만, 구체적으로 지문이 어떤 모양이 될지는 환경적 요인이 더 많은 영향을 끼치기 때문이야. 그래서 사람의 지문은 기본적으로 다 다르고 평생 변하지 않아.

어떤 두 사람의 지문이 우연히 같을 확률은 약 10억분의 1 정도래. 이처럼 일란성 쌍둥이도 구별하게 해 주는 지문의 특징 때문에 지문은 범죄 수사에서 절대 없어서는 안 되는 중요한 증거가 돼.

핵심 콕콕 미술

민화

가장 한국적인 그림, 민화

'민화'는 조선 후기에 서민들 사이에서 유행하던 그림이야. 대개 집 안팎을 꾸미거나 나쁜 귀신을 쫓고 복을 빌기 위해서 그렸는데, 장식 장소와 용도에 따라 그림 종류도 달랐어.

민화 중 가장 많은 것은 꽃과 새를 그린 '화조도'야. 주로 신혼부부의 신방 또는 안방 장식용으로 쓰였지. 물고기와 게 등을 그린 '어해도'는 출세를 기원하거나 경축일의 축하용으로, 까치와 호랑이를 그린 '작호도'는 잡귀의 침범을 막는 부적으로 쓰였어. 효(孝)나 충(忠)과 같은 한자를 아름답게 장식해서 그린 '문자도'는 어린이를 가르치기 위해 만든 그림이지.

민화는 대부분 정식 그림 교육을 받지 못한 무명 화가가 그렸어. 그래서

화조도

어해도

정통 회화에 비해 세련미는 뒤떨어지지만, 익살스럽고도 소박한 형태와 대담한 구성, 아름다운 색채 등이 오히려 한국적 미의 특징을 잘 담았다고 해.

장수를 기원하는 그림, 십장생도

민화에는 꽃이나 새, 곤충 등을 그려 장수나 복을 기원하는 그림이 많아. 그중 대표적인 그림이 십장생도야. '십장생도'는 예로부터 오래 산다고 믿어 왔던 자연물인 불로초, 거북, 사슴, 학, 구름, 물, 바위, 산, 소나무, 해, 달, 대나무, 복숭아 중 열 가지를 골라 모아 그린 그림이야. 주로 생일 축하의 뜻이나 오래 살기를 바라는 뜻에서 주고받았는데, 특히 한 해가 시작될 때 왕이 신하들에게 새해 선물로 내리는 경우가 많았어.

작호도

문자도 〈信(신)〉

핵심 콕콕 과학

지문과 생체 인식

지문이란?

'지문'이란 손가락의 끝마디에 있는 무늬를 말해. 또 손가락의 끝마디를 유리컵이나 창문 등 물체에 대고 누르면 표면에 무늬가 남는데 이러한 흔적도 지문이라고 하지. 지문은 그 모양이 죽을 때까지 변하지 않고, 기본적으로 사람마다 달라.

그렇다면 지문은 왜 있을까? 지문이 있으면 손끝이 까칠까칠해서 마찰이 커져. 그래서 물건을 잡으면 잘 미끄러지지 않지. 지문은 또 손가락 끝의 감각을 예민하게 하는데, 지문의 융기선에는 촉각에 관계되는 신경이 있기 때문에 손을 대면 무언가가 있음을 즉시 알 수 있어.

생체 인식에 사용되는 우리 몸

지문은 평생 변하지 않고, 같은 지문을 가진 사람이 나타날 확률이 매우 낮아. 그래서 사람을 정확하게 구별하는 데 사용되는 오래되고 대중적인 방법 중 하나야. 그런데 최근에는 홍채, 목소리, 정맥 등을 이용해 사람을 구별하기도 해.

홍채는 눈동자 주위를 둥글게 둘러싼 얇은 막인데, 태어나서 1~2년 내에 사람마다 다른 모양의 주름이 만들어져 평생 변하지 않아. 그래서 홍채의 주름을 이용하면 사람을 정확하게 구별할 수 있지. 더구나 살아 있는 사람의 홍채는 미세한 떨림이 있기 때문에 도용이 거의 불가능하대. 목소리는 사람의 억양과 말하는 습관에 따라 음의 높낮이 정보가 모두 다르기 때문에 전화로도 사람을 정확하게 구별할 수 있지. 손등이나 손목 혈관도 복제가 거의 불가능하기 때문에 보안성이 높아. 이외에도 2~3개의 인식 방법을 함께 사용해 단점을 보완하고 정확도를 높이는 방법들이 많이 개발되고, 걸음걸이, 체취, 귀 모양 등을 이용한 생체 인식도 연구 중이래.

제4장
강을 빨리 헤엄쳐 건너라

본선 미션 여덟 번째

수백 명의 목숨이 위험해!

세 아이가 또 다른 미션 수행을 위해 이동한 곳은 사람 한 명 보이지 않는 외딴 강가였다. 아이들은 어떤 미션이 기다리고 있을지 강가를 걸으며 찾기 시작했다. 하지만 세 아이의 머릿속에는 조금 전 족자를 빼앗으려 했던 남자가 떠나지 않았다. 먼저 입을 연 것은 천재인이었다.

"나 그 남자 전에도 본 것 같아."

"어디서?"

"고인돌이 완성되었을 때 땅이 갈라지면서 웬 남자가 쑥 올라왔다고 했었잖아? 순식간의 일이라 자세히 못 봤지만 아까 그 남자 같았어."

온누리가 놀란 표정을 지으며 물었다.

"그럼 그 남자가 계속 우리를 쫓아다닌 거야?"

"그런 것 같아. 그런데 그때는 그냥 나타나기만 했다가 사라졌는데 아까는 왜 족자를 빼앗아 달아났을까? 우리가 미션을 해결하지 못하도록 방해하는 거였나?"

천재인이 무심코 한 마지막 말에 감성빈이 뭔가 깨달은 듯 소리쳤다.

"혹시 봉수대에서 땔감이 사라진 것도 그 남자가 그런 것 아냐? 그 미션을 실패하게 하려고 말이야."

거기까지 미처 생각하지 못한 온누리와 천재인이 화들짝 놀랐다.

"맞아, 네 말이 맞는 것 같아."

"도대체 왜 우리를 방해하는 거지?"

"그러게. 어? 저기 무슨 일이 있나 봐."

감성빈이 가리킨 곳을 보니 강가에 사람들이 모여 있었다. 그들은 강 건너편을 가리키며 이야기하고 있었는데, 꽤 심각해 보였다.

"그래서? 강을 건널 방법이 전혀 없단 말이오, 노인장?"

60~70년대 스타일의 양복을 입은 남자가 망연자실한 표정으로 한 노인을 쳐다보았다.

"예. 열흘 전 큰 홍수로 배가 떠내려갔습니다. 강을 건너가려면 그 배가 유일한 방법인데……. 우리 마을 사람들도 난감해하고 있습죠."

양복을 입은 남자는 발을 동동거리며 손에 든 가방을 쳐다보았다.

"이 가방을 빨리 전하지 못하면 수백 명의 목숨이 위험할 수도 있는데……. 이를 어쩐다."

곁에 있는 청년 세 명의 얼굴도 파랗게 질려 갔다. 자세히 보니 강 건너편에서도 한 남자가 초조한 몸짓으로 이쪽을 바라보고 있었다. 갑자기 감성빈이 강기슭으로 내려가 강을 살피기 시작했다. 그리고 고개를 끄덕이면서 말했다.

"이 정도면 할 수 있을 것 같은데……."

천재인과 온누리가 눈을 동그랗게 뜨고 감성빈을 쳐다보았다.

"감성빈, 뭘 하려고 그래?"

"사람의 목숨이 달린 일이라잖아. 도와줘야지."

"어떻게? 너 설마……."

감성빈은 대답 대신 곧장 남자들에게 다가갔다.

"아저씨, 제가 도울게요."

남자들은 갑자기 나타난 감성빈을 황당한 표정으로 쳐다보았다.

"넌 누구지? 그리고 뭘 어떻게 돕겠다는 거냐?"

"지나가다가 이야기하는 걸 듣게 되었어요. 사정이 매우 급한 것 같던데, 제가 수영에는 꽤 자신이 있거든요. 이 정도 강은 충분히 건널 수 있어요. 그러니까 제가 그 가방을 가지고 강을 건널게요."

양복을 입은 남자는 단호하게 거절했다.

"마음은 고맙다만 그럴 수 없다. 여기에 들어 있는 것은 수백 명의 목숨을 좌지우지할 만큼 중요한 거야. 잘못 다루면 위험한 것이기도 하고. 이걸 어린아이인 너에게 맡기고 강까지 건너라고는 할 수 없다."

감성빈은 답답하다는 표정으로 다시 한 번 말했다.

"나이는 어려도 수영 실력만큼은……."

그때 옆에 있던 키 큰 청년이 말했다.

"제가 강을 건너겠습니다."

그러자 다른 두 청년도 서로 자기가 가겠다며 나섰다.

"아닙니다. 제가 가겠습니다."

"두 분은 여기 계십시오. 저도 수영 하나는 자신 있습니다."

세 청년이 모두 나서자 양복을 입은 남자가 흡족한 표정으로 말했다.

"이렇게 나서 주다니 정말 고맙네. 그렇다고 자네들 모두가 강을 건널 필요는 없으니, 이 중 가장 빠른 사람이 가는 것이 좋겠네. 누가 제일 빠른가?"

맨 먼저 나선 키 큰 청년이 자신 있게 대답했다.

"군대에 있을 때 300미터를 5분 만에 갔습니다."

그러자 두 번째 청년이 질세라 뒤이어 대답했다.

"전 0.9킬로미터를 10분에 주파했습니다."

마지막으로 세 번째 청년은 30미터를 60초에 갈 수 있다고 대답했다. 그러자 양복을 입은 남자가 난감한 표정으로 세 청년을 쳐다보았다.

"어, 그래서 누가 가장 빠르다는 건가?"

그러자 세 청년 모두 서로를 쳐다볼 뿐, 선뜻 대답하지 못했다. 각자 말한 거리와 시간의 단위가 달라 비교하기가 어려웠기 때문이었다. 온누리가 조용한 목소리로 감성빈에게 물었다.

"너는 저 사람들보다 빨라?"

감성빈이 고개를 갸웃거리며 대답했다.

"글쎄? 수영 선수인 친구들하고 시합해서 이기긴 했는데, 정확히 기록을 재 본 적은 없어서……."

그때, 나직한 노인의 목소리가 들렸다.

"저기, 이보시오들."

모두가 노인을 쳐다보았다. 한쪽에서 조용히 이야기를 듣던 노인은 놀라운 말을 했다.

"이 강은 겉으로 보기에 물살이 세 보이지 않지만, 사실 아주 위험하다오. 무슨 이유에서인지 모르지만 15분에 한 번씩 물 밑에서 큰 소용돌이가 일어나 주변의 모든 것을 빨아들이거든. 그걸 모르고 헤엄치다가 목숨을 잃은 사람이 한둘이 아니라오. 다들 헤엄에는 자신 있다던 사람들이었는데……."

노인의 말에 청년들은 잔뜩 긴장했다. 그러자 양복을 입은 남자가 한숨을 쉬며 말했다.

"산 넘어 산이로구먼. 저 넓은 강을 15분 안에 건너야 한다는 말인데……. 자네들, 할 수 있겠는가?"

그러자 조금 전까지 자신만만해하던 청년들이 이제 서로의 눈치를 보기 시작했다.

"수영에는 자신이 있지만, 제 실력으로 15분 안에 건널 수 있을지를 잘 모르겠습니다."

"강을 무사히 건너야 하는데, 누가 제일 빠른지도 모르겠네요."

청년들의 말에 양복을 입은 남자는 눈을 질끈 감았다.

누가 가장 빠른가?

　누가 강을 건널지 정해지지도 않았는데, 세 청년은 가방이 물에 젖지 않도록 비닐로 싸기 시작했다. 양복을 입은 남자는 절망적인 얼굴로 강 건너만 바라보고 있었다. 곧 다른 사람들 사이에서도 무거운 침묵이 흐르기 시작했다. 바로 그때, 천재인의 목소리가 들렸다.
　"누가 가장 빠른지 제가 계산해 볼게요."
　사람들의 시선이 일제히 천재인에게 향했다. 특히, 세 청년은 구세주를 만난 듯한 표정으로 천재인을 바라보았다.
　"우리 중 누가 제일 빠른지 알아낼 수 있다는 말이냐?"
　한 청년의 물음에 천재인은 자신감 넘치는 표정으로 대답했다.
　"누가 가장 빠른지 알기가 어려웠던 건 단위가 서로 달랐기 때문이에요. 그러니까 단위를 통일하면 쉽게 비교할 수 있어요."
　"단위?"
　"네, 물체의 빠르기를 나타내는 '속력'은 물체의 이동 거리를 걸린 시간으로 나누어 구하는 거예요. 다시 말해서 '속력=$\frac{이동\ 거리}{걸린\ 시간}$'죠. 예를 들어 30미터의 거리를 가는 데 15초가 걸렸다면, 속력은 $\frac{30m}{15s}$=2m/s가 돼요. 2m/s는 1초 동안 2미터의 거리를 이동할 수 있는 빠르기를 말하죠. 하지만 한 시간 동안 100미터를 갔다면, 속력은 100m/h라고 해요. 속력의 단위가 달라지는 거예요."
　사람들은 진지한 표정으로 천재인의 설명에 귀를 기울였다.

"그러니까 네 말은 우리 셋의 기록이 단위가 다르니까 단위를 통일하면 누가 가장 빠른지 알 수 있다는 거지?"

"맞아요. 과정이 좀 번거롭긴 해도 어렵지는 않아요."

천재인은 나뭇가지를 들어 흙에다가 글씨를 쓰기 시작했다.

"먼저 세 분의 기록에서 거리를 보면 300미터, 0.9킬로미터, 30미터로, 미터와 킬로미터, 두 가지 거리 단위가 나와요. 이걸 미터로 통일하면 300미터, 900미터, 30미터가 되지요."

어느새 세 청년과 양복을 입은 남자, 노인 모두 땅에 쪼그려 앉아 천재인의 설명을 듣고 있었다.

"거리 단위를 같게 맞췄으니 이젠 시간 단위를 통일해야겠죠? 기록에서 시간을 보면 5분, 10분, 60초, 이렇게 분과 초 단위가 있어요. 이걸 초 단위로 통일할게요. 1분은 60초니까 5분은 300초, 10분은 600초가 돼요. 여기까지는 이해가 되셨죠?"

천재인의 질문에 모두들 똑같이 고개를 끄덕였다.

"그럼 이제 단위를 같게 만든 거리와 시간으로 세 분의 속력을 계산할게요. 첫 번째 아저씨는 300미터를 300초에 갔으니까 속력은 $\frac{300\text{m}}{300\text{s}}$ =1m/s. 즉, 초속 1미터예요. 두 번째 아저씨는 $\frac{900\text{m}}{600\text{s}}$=1.5m/s, 초속 1.5미터고, 세 번째 아저씨는 $\frac{30\text{m}}{60\text{s}}$=0.5m/s, 초속 0.5미터네요."

"이렇게 비교해 보니까 내가 제일 빠르구나!"

두 번째 청년은 기분이 좋은지 다른 사람들을 보며 어깨를 들썩였다.

"제가 뭐라고 했습니까. 제가 강을 건너야 한다고 하지 않았습니까."

하지만 천재인의 다음 말에 사람들은 다시 긴장했다.

"아저씨가 세 분 중 가장 빠른 건 맞지만, 그보다 아저씨가 15분 안에 강을 건널 수 있을지를 알아봐야 해요. 그게 불가능하다면 아저씨가 위험해지니까요."

천재인의 말에 노인이 당연하다는 듯 고개를 끄덕였다.

"그렇지, 그게 더 중요하지."

그러자 양복을 입은 남자가 물었다.

"강을 15분 안에 건널 수 있는지는 어떻게 알 수 있느냐?"

"식을 바꾸면 돼요. '속력=$\frac{\text{이동 거리}}{\text{걸린 시간}}$'이니까 일정한 거리를 가는 데 걸리는 시간을 알고 싶으면 '시간=$\frac{이동 거리}{속력}$'로 구할 수 있거든요. 그래서 말인데요, 할아버지, 이 강의 폭이 얼마나 되는지 아세요?"

"물론 알지. 여기에서 건너편 강기슭까지는 1.8킬로미터란다."

"1.8킬로미터요?"

천재인의 얼굴이 급격하게 어두워졌다.

"왜 그래? 천재인, 15분 안에 못 건너가?"

온누리가 묻자 다들 불안한 표정으로 천재인을 바라보았다. 천재인은 힘없는 목소리로 설명해 주었다.

"1.8킬로미터는 1800미터야. 그걸 저 아저씨가 강을 건너는 속력인 1.5m/s로 나누면 1200초. 그러니까 저 아저씨의 속력으로 강을 건너는 데 1200초가 걸린다고 나와."

그 순간, 모든 사람들이 암산을 하기 시작했다.

"1200초면 60초가 1분이니까…… 20분?"

"맙소사. 너무 오래 걸리잖아!"

온누리와 감성빈의 말에 그곳에 있던 사람들이 동시에 한숨을 쉬었다. 그때, 강 쪽에서 무시무시한 소리가 들리기 시작했다.

"쿠우우우우. 쿠우우우우우."

그 소리에 쪼그려 앉아 있던 사람들이 일어나 강 쪽을 바라보았다. 고요하게 흐르던 강물이 요동치는 모습이 보였다.

"저게 노인장이 말하던 소용돌이요?"

양복을 입은 남자가 묻자 노인이 공포에 질린 얼굴로 대답했다.

"예. 밖에서 보면 물살이 거세진 정도로 보이지만, 물속에서는 무시무시한 소용돌이가 돌고 있답니다. 더 두려운 것은 저 소용돌이가 매번 다른 곳에서 생긴다는 것이지요."

노인의 말에 다들 할 말을 잃고 멍하니 강을 바라보았다. 잠시 뒤, 언제 그랬느냐는 듯 강물이 다시 잔잔히 흐르기 시작했다.

헤엄치는 속력을 올려라!

"앗, 자네 뭐 하는 건가!"

양복을 입은 남자가 외치는 소리에 강물을 바라보던 사람들이 놀라 돌아보았다. 두 번째 청년이 가방을 둘러메고 물속으로 들어가는 것이 아닌가?

"어서 이리 나오게!"

청년은 발걸음을 멈추지 않았다. 그리고 굳은 얼굴로 이렇게 말했다.

"수백 명의 목숨이 달렸는데 하염없이 강만 보고 있을 수는 없습니다. 제가 죽을힘을 다해 빨리 건너 보겠습니다. 제게 맡겨 주십시오!"

청년은 이글거리는 눈빛으로 강가에 있는 사람들을 쓱 훑어보았다. 그리고 숨을 깊게 들이마신 뒤, 물속으로 멋지게 몸을 던졌다. 사람들은 방금 보았던 소용돌이를 떠올리며 주먹을 꽉 쥐었다.

"제발…… 제발……."

그런데 온누리와 천재인이 청년의 모습에 고개를 갸우뚱했다. 청년

은 물 밖으로 얼굴만 내민 채 앞으로 조금씩 나아갔는데, 두 팔과 두 다리가 물속에 잠겨서 어떻게 움직이는지 보이지 않았다. 다만 힘을 잔뜩 준 얼굴을 보면 무지 용을 쓰고 있는 것이 분명했다.

"감성빈, 저게 무슨 수영법이야? 꼭 머리만 둥둥 떠가는 것 같아."

천재인이 고개를 돌리자 입을 쩍 벌린 감성빈의 얼굴이 보였다.

"헐, 저 아저씨 지금 개헤엄을 치는 거야? 세상에! 저렇게 헤엄치면 너무 느린데. 저러니까 20분이나 걸리지!"

감성빈은 곧장 강물 쪽으로 뛰어가며 소리쳤다.

"아저씨! 다시 돌아오세요! 소용돌이가 나타나기 전에 강을 건너는 방법을 알려 드릴게요. 어서 돌아와요!"

헤엄을 치던 청년은 잠시 고민하더니 감성빈 쪽으로 몸을 돌렸다. 청년이 나루터 가까이 다가오자 감성빈이 물속으로 뛰어들었다. 그리고

직접 수영을 해 보이며 청년에게 더 빨리 헤엄칠 수 있는 방법을 알려 주었다.

"제가 가르쳐 드리는 방법대로 헤엄치면 속력이 훨씬 빨라질 거예요. 우선 몸을 쭉 펴세요. 그래야 물의 저항을 적게 받아요. 네, 그렇게요. 팔은 최대한 크게 원을 그리세요. 이 영법은 반 이상이 팔의 힘으로 나아가니까 팔 동작이 아주 중요해요. 물속에 손을 넣을 때에는 각도가 45도 정도 되게 하고요. 네, 좋아요. 호흡을 할 때에는……."

감성빈은 청년이 새로운 호흡법과 자세를 빨리 익힐 수 있도록 최선을 다해 도왔다. 그 모습을 구경하던 온누리와 천재인은 감성빈이 물 밖으로 나오자 존경스러운 눈으로 쳐다보았다.

"와, 너 꼭 진짜 수영 선수 같다. 그런데 지금 알려 준 게 뭐야?"

"크롤이라는 수영법이야."

온누리가 잘 모르겠다는 듯 고개를 갸웃거렸다.

"자유형이나 배영은 들어 봤어도 크롤은 처음 듣는데? 특별한 수영법인가 봐."

"그렇지는 않아. 자유형은 들어 봤다고 했지? 자유형에서 바로 크롤 영법을 사용하기 때문에 크롤을 흔히 자유형으로 아는 거야. 크롤은 다른 수영법보다 속력이 빨라. 특히, 수영 거리가 멀수록 차이가 많이 나."

"다른 수영법?"

운동에는 영 관심이 없던 천재인까지 궁금해하자 감성빈은 신이 나 설명해 주었다.

"수영은 물에 떴을 때 팔과 다리를 어떻게 사용하느냐에 따라 네 가지 방법으로 나눠."

감성빈은 내친김에 다시 물속으로 들어가 시범을 보여 주었다.

"방금 설명한 크롤과는 반대로 하늘을 보고 누워서 하는 배영, 개구리처럼 물을 차는 평영, 나비처럼 두 팔을 뻗으면서 두 발로 동시에 움직여 물을 차는 접영이 있어. 하지만 사람들이 가장 많이 쓰는 수영법은 크롤이야. 네 가지 수영법 중 속력이 가장 빠르기 때문인데, 개헤엄과 비교하면 두 배 정도는 빠를 거야."

그사이, 선천적인 운동 신경 덕분인지 열정 때문인지 청년은 단숨에 크롤 영법을 익혔다. 개헤엄을 쳤을 때보다 훨씬 빨라진 속력에 청년은

자신만만해했다.

"이제 제가 10분 만에 강을 건너 보이겠습니다. 하하하."

"잘 부탁하네. 꼭 성공해 주게나."

청년의 일행은 그의 어깨를 치며 행운을 빌어 주었다. 그때, 또다시 강에서 굉음이 들려왔다. 소용돌이가 일기 시작한 것이었다.

"이 소용돌이가 사라지면 바로 출발하겠습니다."

사람들은 숨을 죽인 채 소용돌이가 사라지기를 기다렸다. 다시 강물이 잠잠해지자 청년은 물속으로 들어가 헤엄치기 시작했다.

"와, 정말 빨라졌다."

힘차게 앞으로 쭉쭉 나아가는 청년의 모습에 사람들이 환호성을 질렸다. 그런데 그것도 잠시! 청년이 강가를 벗어나자마자 갑자기 허우적거리기 시작했다.

"어? 왜 저러지?"

청년은 중심을 잃은 듯 팔을 휘저으며 물속으로 들어갔다가 올라오기를 반복했다. 그 모습에 노인이 공포에 질린 목소리로 중얼거렸다.

"설마, 소용돌이가 나타났나?"

노인의 말에 사람들은 크게 당황했다. 감성빈이 큰 소리로 말했다.

"소용돌이는 15분 간격으로 나타난다면서요. 조금 전 소용돌이가 사라진 지 얼마 되지 않았다고요!"

"그, 그렇지. 그럼 다리에 쥐가 났을 수도 있겠구나."

그 순간, 물가에 있던 두 청년이 물속으로 뛰어들었다. 하지만 두 사람 다 엉성한 수영 실력 때문에 좀처럼 앞으로 나아가지 못했다.

"아무래도 안 되겠어."

보다 못한 감성빈도 재빨리 물속으로 뛰어들었다. 감성빈은 크롤 영법으로 엄청난 속력을 내며 가방을 멘 청년 쪽으로 다가갔다. 그러나 청년이 있던 자리에 도착했을 때 청년은 물속으로 사라져 버렸다.

"이런!"

감성빈은 크게 숨을 들이마신 뒤 물속으로 잠수했다. 그런데 물속에서 보니 청년이 어떤 남자와 싸우고 있는 게 아닌가? 감성빈은 재빨리 다가가 청년의 다리를 붙잡고 있던 남자를 뒤에서 꽉 껴안았다. 그 남자는 놀랐는지 청년의 다리를 놓아 버렸다. 덕분에 물 위로 떠오른 청

년은 다시 힘을 내 강 건너편으로 헤엄치기 시작했다. 감성빈도 남자를 꼭 붙잡은 채 물 위로 올라갔다.

"이거 놔라! 어서 놔!"

감성빈에게 잡힌 남자는 격렬하게 뿌리치며 빠져나가려 했다. 하지만 남자의 얼굴을 본 감성빈은 죽을힘을 다해 붙들고 늘어졌다. 그 남자가 족자를 빼앗아 달아났던 남자인 것을 깨달았기 때문이었다. 하지만 시간이 지날수록 감성빈이 불리해졌다. 힘이 점점 빠져 남자를 놓칠 무렵, 뒤늦게 쫓아온 청년들이 남자의 뒷덜미를 쳐서 기절시켰다.

"애야, 괜찮으냐?"

"네, 저는 괜찮으니까 이 남자를 강가로 데려가 주세요."

잠시 뒤, 감성빈은 두 청년의 도움을 받아 기절한 남자를 물 밖으로 꺼냈다. 그 모습을 보고 온누리와 천재인이 달려왔다. 두 아이는 크게 놀란 듯 하얗게 질려 있었다.

"감성빈! 괜찮아?"

"응. 난 멀쩡해. 그것보다 이 사람, 족자를 빼앗아 달아났던 그 남자 맞지?"

천재인과 온누리는 놀란 가슴을 진정시키며 남자의 얼굴을 들여다보았다. 온누리는 잘 모르겠다고 했지만 천재인은 확신에 찬 얼굴로 고개를 끄덕였다.

"맞아. 그리고 내가 고인돌 주변에서 봤다는 사람도 이 사람이야."

바로 그때, 기절했던 남자가 번쩍 눈을 떴다. 세 아이는 움찔 놀랐지만 곧바로 남자에게 따지기 시작했다.

"아저씨, 대체 누구예요? 누군데 자꾸 우리 일을 방해하죠?"

남자는 감성빈의 말에 대답하는 대신 아이들을 쓱 훑어보았다. 그러다 천재인을 쳐다보더니 힘겹게 입을 열었다.

"재인아, 나 모르겠니? 네 아버지 친구, 방해군 아저씨야."

"네?"

천재인은 남자의 말에 어안이 벙벙해졌다. 온누리와 감성빈 또한 마찬가지였다.

"아버지 친구요? 그런데 왜 여기에……. 아니, 그것보다 아버지 친구 맞아요? 왜 우리를……."

천재인은 도대체 무슨 상황인지 이해할 수가 없었다. 그러자 남자는 뜻밖의 말을 했다.

"그래. 날 기억 못 하는 게 당연해. 네 오른쪽 엉덩이에 북두칠성 모양의 점이 있지? 네 아버지가 자기랑 똑같은 점이 있다면서 나한테 보여 줬었는데."

그 순간, 천재인의 눈빛이 심하게 흔들렸다.

"어, 어, 그걸 어떻게 알아요? 그건 우리 가족만 아는데……."

그러자 남자는 누군가 쫓아오기라도 하듯 천재인의 손을 덥석 잡으며 빠르게 말을 이어 갔다.

"지금은 무슨 상황인지 이해가 안 갈 거다. 하지만 내가 네 아버지 친구라는 걸 믿어야 해. 나중에 모든 걸 설명해 줄 테니 나를 믿고 내 존

재를 어느 누구에게도 말해서는 안 된다. 알았지? 꼭 명심해야 한다!"

남자는 수수께끼 같은 말만 남긴 채 순식간에 사라져 버리고 말았다. 천재인, 온누리, 감성빈은 남자가 사라진 빈자리를 멍하니 바라보았다. 도대체 무슨 일이 벌어진 건지 파악이 안 되었기 때문이었다. 그때, 나루터 쪽에서 다급히 외치는 소리가 들렸다.

"소용돌이야! 소용돌이가 시작됐어."

세 아이는 재빨리 나루터 쪽으로 뛰어갔다. 또다시 강이 심하게 요동치고 있었다.

"아저씨는요? 아저씨는 강을 건넜어요?"

아이들이 발을 동동거리며 사람들에게 물었다. 그러자 노인이 강을 가리키며 말했다.

"조금 전까지 저쪽에 있었는데 지금 보이지 않아. 아, 소용돌이에 빨려들어 간 것 같아."

세 아이는 망연자실한 표정으로 강물을 바라보았다. 바로 그때, 건너편 강기슭 가까운 곳에서 검은 머리가 쑥 올라왔다.

"저기 있다! 저기 있어!"

청년은 소용돌이가 일으킨 물살에 심하게 흔들렸지만 멈추지 않고 헤엄쳐 나갔다. 강가에 있는 사람들은 주먹을 꽉 쥔 채 청년에게서 눈을 떼지 않았다. 1초가 1년처럼 느껴지는 시간이 지나고, 마침내 청년이 비틀거리면서 강기슭에 올라섰다.

"성공이야! 강을 무사히 건넜어."

강 건너편에 도착한 청년이 나루터 쪽을 향해 손을 흔들자 다 같이 만세를 부르며 펄쩍펄쩍 뛰었다. 온누리, 천재인, 감성빈도 서로를 얼싸안고 기뻐했다. 청년이 강 건너에서 기다리던 사람에게 가방을 건네는 순간, 강 위로 메시지가 둥실 떠올랐다.

'축하합니다. 불사조 팀 미션 성공입니다.'

잠시 뒤, 주변 풍경이 빠르게 바뀌며 오아시스가 나타났다. 세 아이는 참가자들이 모여 있는 천막 쪽으로 걸어갔다. 모든 팀이 모이자 대회 안내자가 나타나 순위를 발표하기 시작했다. 불사조 팀은 5위, 엄친아 팀은 부동의 1위였다. 세 아이는 한숨을 내쉬었다.

"휴, 그래도 한 계단 올라갔네."

그때, 바로 뒤에서 왕공부의 목소리가 들렸다.

"나 원 참. 하도 큰소리를 치길래 1위라도 할 줄 알았더니 겨우 5위? 어이가 없네."

온누리, 천재인, 감성빈이 이를 앙다물고 동시에 뒤를 돌아보았다. 왕공부는 움찔 놀라며 말을 더듬었다.

"뭐, 뭐! 내, 내가 뭐 틀린 말 했어?"

"이게 정말!"

감성빈이 왕공부를 노려보며 소매를 걷어붙이자 왕공부는 또 뒷걸음질을 치기 시작했다. 하지만 곧 이어진 대회 안내자의 발표를 듣고는 둘 다 그 자리에 우뚝 서 버렸다.

"이번 2차 관문에서 두 팀이 탈락했습니다. 미션 수행에 실패한 독일의 블리츠 팀과 일본의 모모짱 팀은 이제 가상 현실 공간에서 나가게 됩니다."

그건 정말 놀라운 소식이었다. 블리츠 팀과 모모짱 팀은 중상위권을 벗어난 적이 없는 팀이기 때문이었다. 그런데 모모짱 팀 아이들이 하는 이야기를 듣고 세 아이는 또 한 번 놀라고 말았다.

"이건 말도 안 돼! 그 이상한 남자가 방해하지만 않았어도 우리가 실패할 리 없잖아."

"왜 우리 말을 안 믿어 주지? 엄마, 아빠한테 말해서 대회 측에 항의해야겠어."

 모모짱 팀의 여자아이들은 눈물을 흘리며 가상 현실 밖으로 사라졌다. 뒤이어 블리츠 팀마저 사라지자 천막 안 분위기는 축 가라앉았다. 자신들도 곧 저렇게 될지 모른다는 생각 때문이었다. 천재인, 감성빈, 온누리는 강에서 만난 방해군 아저씨 생각에 머릿속이 더 복잡했다.
 "모모짱 팀이 떨어진 게 그 아저씨 때문인 것 같은데 대회 측에서 안 믿나 봐. 우리가 말을 해 줘야 할까?"
 온누리의 말에 천재인은 선뜻 대답하지 못했다.

"글쎄……. 잘 모르겠어."

세 아이가 방해군 아저씨 때문에 고민에 빠진 시각, 대회장 지하 깊숙한 곳에 자리한 대회 진행 본부에서는 엄청난 긴장감이 감돌았다.

"아무래도 누군가 우리의 계획을 알아챈 것 같습니다."

진행 요원에게서 보고를 들은 간부들은 입술이 바짝 타들어 갔다. 그들은 마른침을 삼키며 중앙에 앉은 대장을 쳐다보았다. 대장은 침착해 보였지만 목소리가 떨리고 있었다.

"만일 이 일을 나쁘노미우스 님이 아신다면 우리 모두 무사하지 못할 것이다. 빨리 방해 세력이 누군지 파악하고, 그놈을 이 게임에서 몰아내야 한다."

대장의 명령에 모니터 앞에 앉은 부하들이 빠르게 자판을 두드리기 시작했다. 수백 대의 컴퓨터가 만들어 내는 기묘한 소리가 검은 안개처럼 대회장 안팎을 뒤덮고 있었다.

요건 몰랐지?

빛의 속력을 측정하려 한 갈릴레이

이 세상에서 가장 빠른 것은 무엇일까? 바로 빛이야. 빛의 속력은 어마어마해서 1초에 약 30만 km를 가지. 이렇게 빠른 빛의 속력을 최초로 측정하려 시도했던 사람은 이탈리아의 과학자인 갈릴레오 갈릴레이였어.

그는 조수와 함께 각각 램프와 램프 덮개를 하나씩 들고 약 1.6km 정도 떨어진 산봉우리에 각각 올라갔어. 그리고 갈릴레이가 먼저 램프 덮개를 열면 조수가 그 빛을 보자마자 조수의 램프 덮개를 열기로 했지. 그사이의 시간을 측정하면 빛이 두 사람 사이를 왕복하는 데 걸리는 시간을 알게 되어 속력을 알아낼 수 있다고 생각한 거야. 하지만 여러 번의 실험을 거쳐 나온 속력은 잴 때마다 그 값이 너무 많이 달랐어. 결국 여러 번의 실험 끝에 갈릴레이가 얻은 결과는 '빛은 매우 빠르다.'였대.

수영

수영의 종류

'수영'은 온몸을 물속에 담가 팔과 다리를 움직여 물에 떠서 나아가는 운동을 말해. 수영을 하는 방법에는 크게 네 가지가 있어. 온몸을 곧게 펴고 물 위에 엎드린 자세로 두 발은 물장구치기를 하면서 팔은 번갈아 원을 그리며 움직이는 '크롤', 수면과 몸이 수평을 이루고 개구리처럼 양다리는 오므렸다가 펴고 두 팔은 물을 끌어당기며 헤엄치는 '평영', 위를 향하여 반듯이 누운 채 팔과 다리를 크롤과 반대로 움직여 나아가는 '배영', 나비처럼 두 팔을 물 위로 뻗으면서 두 발을 붙여 동시에 물을 차는 '접영'이 있지.

그렇다면 네 가지 수영법 중 가장 빠른 건 무엇일까? 그건 수영 선수들이 자유형 경기에서 사용하는 방법인 크롤이야.

평영　　　　배영

크롤로 더 빠르게 수영하기

크롤은 두 팔로 일정하게 원을 그리면서 물을 젓고 두 다리로 물을 뒤편으로 밀어내기 때문에 계속적인 추진력을 얻을 수 있는 가장 빠른 영법이야. 여기에 더 빠르게 나아가고 싶다면 물의 저항을 적게 받도록 최대한 몸을 곧고 길게 뻗는 것이 좋아.

크롤은 앞으로 나아가는 힘의 60~70%를 팔 동작으로 만들기 때문에 팔 동작을 정확히 익히는 것이 좋지. 하지만 호흡이 편하지 않으면 수영을 잘할 수 없기 때문에 호흡을 충분히 연습하는 것이 중요해. 숨을 들이쉴 때에는 자연스럽게 고개를 옆으로 돌려 한쪽 뺨 전체를 물에 닿게 하고 입을 크게 벌려 짧은 시간에 공기를 들이쉬어야 해. 그다음엔 고개를 돌려 얼굴을 물에 잠그고 코와 입으로 숨을 조금씩 내쉬는 거야.

크롤　　　　　　　　　접영

핵심 콕콕 과학

물체의 속력

물체의 빠르기 비교

물체의 빠르기를 비교할 때에는 두 가지 방법이 있어. 먼저 일정한 거리를 이동한 물체의 빠르기를 비교하는 거야. 이때는 일정한 거리를 이동하는 데 걸린 시간을 측정해야 해.

예를 들어 두 학생이 100m 달리기를 했을 때 한 명은 20초, 다른 한 명은 25초 만에 도착했다면 둘 중에 빠른 학생은 20초 만에 도착한 학생이야. 이와 반대로 일정한 시간에 이동한 물체의 빠르기를 비교할 때에는 두 물체가 이동한 거리를 측정해야 해. 예를 들어 60초 동안 두 학생이 간 거리가 400m와 600m라면 더 먼 거리인 600m를 간 학생이 빠른 거지.

단위가 다른 물체의 속력

그럼, 100m를 20초에 간 A 학생과 600m를 60초에 간 B 학생처럼 이동 거리와 걸린 시간이 모두 다르면 빠르기는 어떻게 비교할까? 이때는 같은 시간 동안 간 거리를 비교하면 쉽게 알 수 있어. 이처럼 같은 시간에 이동한 거리를 '속력'이라고 해. 속력은 이동 거리를 걸린 시간으로 나누어 구할 수 있어. 이를 식으로 나타내면 '속력=$\frac{이동\ 거리}{걸린\ 시간}$'이지. 속력의 단위는 m/s, km/h 등이 쓰여. 앞에서 말한 A 학생의 속력은 $\frac{100m}{20s}$=5m/s, B 학생의 속력은 $\frac{600m}{60s}$=10m/s로, B 학생이 더 빠른 걸 알 수 있어.

그렇다면 단위가 다른 물체의 속력을 비교할 때에는 어떻게 할까? 예를 들어 1200m/분으로 달리는 말과 31m/s로 달리는 치타를 비교할 때, 1200m를 가는 말이 더 빠르다고 생각할 수 있어. 하지만 말과 치타의 속력은 시간 단위가 다르기 때문에 이를 같게 만들어서 비교해야 해. 말의 시간 단위를 초로 바꾸면, 1분은 60초니까, 말의 속력은 $\frac{1200m}{1분}$=$\frac{1200m}{60s}$=20m/s야. 따라서 31m/s인 치타가 말보다 빠르다는 것을 알 수 있지.

찾아보기

ㄱ
갈릴레이 131
고인돌 25, 40
곰방대 85
기발 70

ㄹ
렌즈 72

ㅁ
목소리 103
문자도 100
민무늬 토기 25, 40
민화 85, 100

ㅂ
받침점 31, 42
배영 120, 132
보발 70
볼록 렌즈 63, 72
봉수 56, 70
봉수대 56, 71

ㅅ
삼(3)종 지레 43

속력 112, 134
수영 132
시소 32
십장생도 86, 101

ㅇ
아르키메데스 39
어해도 100
오목 렌즈 72
이(2)종 지레 43
일(1)종 지레 43
일란성 쌍둥이 99

ㅈ
작용점 31, 42
작호도 100
접영 120, 132
지레 31, 42
지문 90, 102

ㅊ
청동기 24, 40
청동기 시대 24, 40
초점 73
초점 거리 73

ㅋ
크롤 119, 133

ㅍ
파발 70
평영 120, 132

ㅎ
홍채 103
화조도 100
힘점 31, 42